소소한 즐거움이 있는 핸드메이드

처음 하는 가죽 공예

처음 하는 가죽 공예

1판 1쇄 발행 2012년 1월 7일
1판 3쇄 발행 2018년 12월 7일

지은이 ㅣ 김지숙, 고하림
펴낸이 ㅣ 정원정, 김자영
편집 ㅣ 홍현숙
디자인 ㅣ 신지혜
촬영진행 ㅣ 이민정
사진 ㅣ 황혜정, 김지숙, 고하림

펴낸곳 ㅣ 즐거운상상
주소 ㅣ 서울시 종로구 누상동 24 101호
전화 ㅣ 02-706-9452 팩스 02-706-9458
전자우편 ㅣ happywitches@naver.com
출판등록 ㅣ 2001년 5월 7일
인쇄 ㅣ 내일북

ISBN 978-89-92109-86-4 14630
ISBN 978-89-92109-69-7 14630(세트)

소소한 즐거움이 있는 핸드메이드

처음 하는 가죽 공예

my first leather crafts

A to Z

즐거운상상

prologue

운명처럼 만나게 된 가죽 공예

처음 가죽을 접하게 된 건 우연히, 아니 어쩌면 운명이었던 것 같기도 합니다. 대치동에 자리 잡고 있었던 회사가 성수동으로 이사를 가게 되었고, 회사 출근길에 처음으로 가죽도매상을 접하게 되었습니다. 평소 호기심이 매우 많았던지라 어디에서도 볼 수 없었던 가죽시장이 그야말로 신세계 같았습니다. 퇴근길에 시장을 둘러보던 차에 이태리에서 수입한 송치가죽을 보게 되었는데 그 촉감과 결에 따라 달라지는 광택에 매료되어버렸습니다. 그 이후 가죽 공예에 관련한 정보를 수집하기 시작했고, 심지어 다니던 회사도 정리하고 새로운 길로 들어서 현재에 이르게 되었습니다.

가죽 공예는 끈기와 열정만 있다면 누구나 쉽게 도전할 수 있는 분야입니다. 한 번도 가죽 공예를 해본 적이 없는 초보자일지라도 가죽재료와 공구들만 구비된다면 큰 어려움 없이 따라할 수 있습니다. 가죽 공예에 관심이 있다면 두려워하지 말고 당장 시작하라고 감히 말씀드리고 싶습니다. 나중엔 조금이라도 일찍 시작하지 않은 걸 후회할지도 모르니까요.

《처음 하는 가죽 공예》에서는 쉽게 구할 수 있는 친숙하고 편한 도구들을 사용했습니다. 가죽을 재단할 때 꼭 구두칼을 사용해야 하는 것은 아닙니다. 30도 커터만으로도 쉽게 재단할 수 있답니다. 이렇듯 현재 저희가 작업하고 있는 편리한 방법을 똑같이 보여드리려고 노력했습니다. 또 이해하기 쉽고 따라하기 쉽도록 하나하나 사진으로 만드는 과정을 담았고 가죽으로 만들 수 있는 여러 소품 중 만들기 쉬우면서도 활용도가 높고 실용적인 생활 소품들 위주로 아이템을 선정해보았습니다. 핸드메이드 분야 중 가죽 공예는 도전하기 쉬우면서도 결과물에 대한 만족도가 꽤 높다는 점을 기억해주세요.

여름 내내 같이 작업해준 친구 하림과 즐거운상상 가족 분들, 가죽에 대해 눈을 뜨게 해준 성수동 가죽시장과 훈보 씨, 그리고 항상 저를 믿어주시고 아낌없이 지원해주시는 부모님과 제가 사랑하는 모든 분들께 진심으로 감사의 뜻을 전합니다.

김 지 숙

prologue

너무나도 매력적인 가죽 공예

어릴 때부터 항상 손으로 무언가를 만드는 것을 좋아했던 기억이 납니다. 결국 산업디자인을 전공, 공예를 부전공하게 되었습니다. 공부를 하며 뭔가를 만들어내는 창조적인 일을 하고 싶어 했고 도전하던 중 가죽 공예의 세계와 만나게 되면서 가죽의 매력에 흠뻑 빠져들게 되었습니다.

가죽은 참 매력적인 소재입니다. 무엇보다 가죽 공예는 제품을 구상하고 제작하고 완성해 내기까지 모든 과정을 스스로 만들어 나갈 수 있습니다. 또 다른 핸드메이드가 그렇듯 가죽 공예 역시 세상에 하나뿐인 온전한 자신만의 작품을 만들 수 있습니다. 좋은 가죽은 쓸수록 닳는 것이 아니라 곁에 두고 오래 쓰면 쓸수록 시간의 흔적을 품게 됩니다. 만든 이와 함께 나이를 먹어가는 것이지요. 마치 오랜 친구처럼 말입니다. 가죽 공예는 언제 만나도 편한 친구를 만들어가는 과정입니다.

많은 분들이 가죽 공예를 생각하면 막연히 어렵지 않을까 생각합니다. 하지만 누구나 쉽게 자신만의 가죽 제품을 만들 수 있습니다. 또 가죽 공예는 잘 만들면 잘 만든 대로 부족하면 부족한 대로 멋스러움이 있습니다. 이 책이 가죽 공예에 첫발을 내딛는데 좋은 가이드가 되기를 바랍니다. 또 이 책을 시작으로 자신만의 가죽 제품을 만들고 즐길 수 있었으면 합니다.

좋은 파트너 지숙이와 항상 유쾌한 즐거운상상 가족 분들, 처음 가죽을 접할 때 큰 도움을 준 훈보 씨, 사랑하는 가족들, 힘이 되어 주는 모든 지인들과 독자 여러분께 감사의 말을 전합니다.

고 하 립

contents

아주 쉬운 가죽 공예

030

목걸이 키홀더
목걸이 스타일로 끈의
길이는 필요에 따라 짧게
혹은 길게 만들 수 있어요.
열쇠를 쉽게 찾을 수 있을 뿐
아니라 액세서리로도
멋진 아이템입니다.
만들기도 아주 쉬워요.

034

악세사리 트레이
외출하고 집에 돌아오면
여기저기 풀어놓게 되는
액세서리 아이템을
담아놓을 수 있는 통가죽
트레이랍니다. 고급스러운
느낌의 맞춤형 트레이를
만들어보세요.

038

컵 받침
음료수를 대접할 때 가죽
컵 받침을 사용해 보면
어떨까요? 테이블 위에
물이 흐르거나 컵 자국이
남지 않아 깔끔하지요. 가죽
컵 받침은 심플해서 어떤
컵에도 잘 어울린답니다.

042

꽈배기 팔찌
간단하지만 특별한 팔찌로
옷차림에 포인트를 주는
것은 어떨까요? 다른 컬러의
가죽을 사용하면 느낌이
달라집니다. 컬러가 다른
두세 개를 매치해도 색다른
분위기가 나지요.

046

티슈 케이스
깔끔하게 수납할 수 있는
가죽 티슈 케이스를
만들어보세요. 겨울에는
짙은 색으로 여름에는 밝은
색으로 만들어 심플하고
고급스러운 인테리어
소품으로 활용해보세요.

050

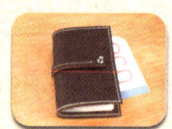

명함 지갑
명함 지갑은 사소하지만
꼭 필요한 아이템입니다.
가죽으로 명함 지갑을
만들어보세요. 튼튼해서
오래 사용할 수 있고 쓸수록
더 멋스러워집니다. 심플한
스타일이라 더욱 좋아요.

조금 쉬운 가죽 공예

꼭 한번 만들어 보고 싶은 가죽 공예

★ 레슨 포인트

목걸이 키홀더
가죽 접합 및 재단하기, 크리징 라인 긋기, 엣지코트(기리메)와 밀납으로 단면 마감하기

악세사리 트레이
양면 리벳 달기

컵 받침
곡선면 재단하기, 통가죽 단면 마감하기, 그리프 사용하기, 새들스티치 하기

꽈배기 팔찌
솔트레지 달기

티슈 케이스
디바이더 사용하기, 왕복 러닝 스티치 하기

명함 지갑
명함 지갑 속지 장착하기, 솔트레지 달기, 양면 리벳 달기

꽃 모양 머리끈
철심 넣기, 머리끈에 가죽장식 장착하기, 새들스티치

심플 스타일 팔찌
칼로 부분 피하기, 스키버로 옆라인 정리하기, 고리장식 장착하기, 중앙 새들스티치

강아지 목걸이
파이프 버클 장착하기, 피라미드 장식 달기, 왕복러닝스티치

연필꽂이
크로스 스티치, 생지 단면 마감하기

허리 밴드
마스킹테이프 이용하여 본드라인 만들기, 그로멧 달기, 새들스티치, 왕복 러닝 스티치

카드 지갑
칼로 사이드라인 피하기, 새들스티치

휴대폰 파우치
스키버로 사이드라인 피하기, 새들스티치

안경 케이스
라운드 커팅, 새들스티치

북 커버
러닝스티치, 새들스티치, 책걸이용 고무줄 장착하기

다용도 수납 바구니
러닝스티치, 가죽끈 달기, 바닥면 보강재 넣기

쿠션 커버
지퍼 달기, 러닝스티치, 크로스 스티치

타블렛 커버
새들스티치, 솔트레지 달기

클러치 백
백스티치(박음질), 새들스티치, 외부 포켓 달기, 태슬장식만들기, 각종 장식 달기

쇼퍼 백
백스티치(박음질), 새들스티치, 내부 포켓 달기, 손잡이 달기, 양면리벳 달기, 밑판가죽 장착하기

my first leather crafts

A to Z

시작하기 전,
이것만은
알아두세요!

★ 실

이 책에서는 린넨사와 초사를 많이 사용했습니다. 린까블레는 프랑스산 최고급 린넨사로 가격은 다른 린넨사에 비해 다소 높지만 품질이 우수하며 실의 굵기가 매우 고른 편입니다. 그렇기 때문에 스티치의 완성도가 매우 높습니다. 제품의 숫자가 커질수록 실의 굵기는 가늘어집니다. 초사는 합성사 자체에 초칠이 되어 있습니다. 합수가 높아질수록 실의 두께는 두꺼워집니다. 이 책에서 사용한 린넨사는 린까블레 532, 332, 초사는 4합 초사입니다.

사진제공 : 베르제블랑샤르

린까블레 532(왼쪽), 332(오른쪽)

4합 초사

기타 린넨사들

★ 바늘과 골무

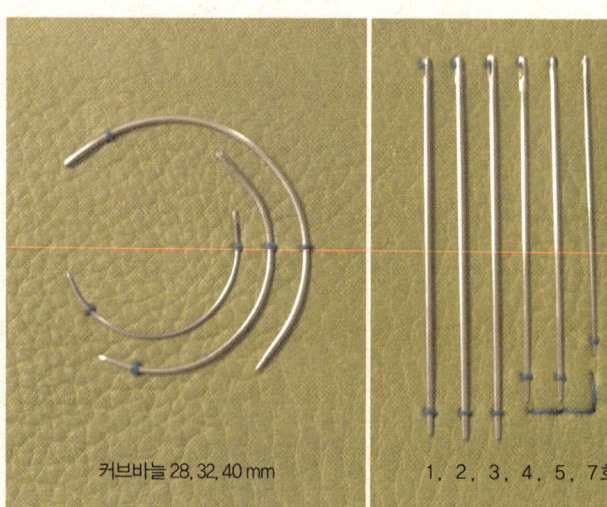

커브바늘 28, 32, 40 mm

1, 2, 3, 4, 5, 7호

사진제공 : 베르제블랑샤르

바늘
가죽 공예에는 바느질할 때 가죽이 손상되지 않도록 끝이 뭉뚝한 새들러바늘을 씁니다. 바늘의 호수가 클수록 바늘의 굵기는 작아집니다. 이 책에서는 주로 4호 바늘을 사용했습니다. 둥근 모양의 커브 바늘은 크로스스티치할 때 사용하면 편리합니다.

골무
바느질할 때 고무골무를 끼면 한결 수월하게 작업할 수 있습니다.

★ 가죽의 종류

주위를 둘러보면 가방, 지갑, 액세서리, 신발, 소파, 옷 등 가죽을 소재로 만든 다양한 제품을 발견할 수 있습니다. 이들 제품에는 어떤 가죽을 사용했을까요? 흔히 소가죽, 양가죽 정도로만 생각하지만, 가죽은 동물의 종류와 수명에 따라 각기 다른 특성이 있습니다. 또한 가공방법에 따라서도 질감이 달라지고 가격도 몇 천원부터 몇 십만 원까지 다양합니다. 가죽은 취향에 따라 좋아하는 소재를 선택하면 됩니다. 가죽의 종류와 그에 따른 특징을 알아볼까요?

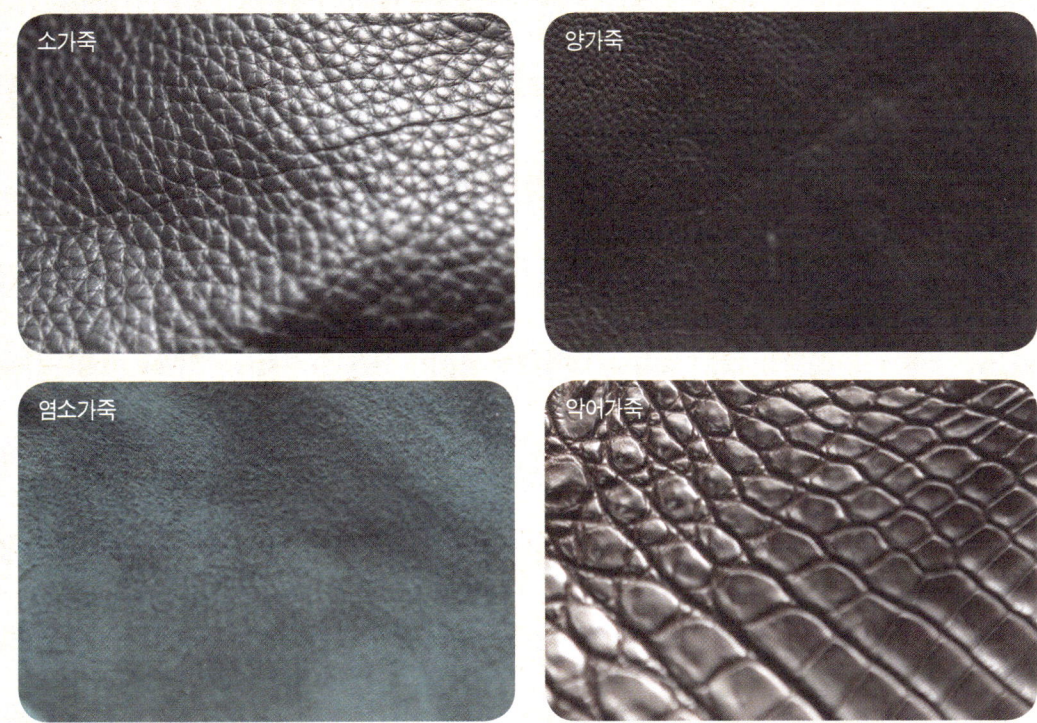

소가죽 / 양가죽 / 염소가죽 / 악어가죽

소가죽

소가죽은 가방 제품을 제작할 때 가장 많이 쓰이는 소재 중 하나입니다. 사이즈가 크기 때문에 한 장만 구매해도 가방과 소품을 만들 수 있습니다. 소의 연령과 가공방법에 따라 구분합니다.

연령에 따라 송치, 송아지, 중소, 큰소로 구분합니다. 송치는 언본 카프(UNBORN CALF)로 암소의 뱃속에 든 새끼 송아지의 가죽인데, 부드럽고 털이 짧다는 특징이 있으며 고가의 고급 소재입니다. 송아지는 카프 스킨(CALF SKIN)으로 생후 6개월 미만의 송아지 가죽으로 면이 부드럽고 가벼우며 고급 소재로 쓰입니다. 중소는 킵 스킨(KIP SKIN)으로 생후 6개월에서 2년까지의 중간 소로 카프 스킨에 비해 유연성은 떨어지나 인열강도나 장력이 좋습니다. 큰소는 2년 이상의 암소 가죽인 카우 하이드(COW HIDE), 생후 3~6개월 사이에 거세한 2년 이상된 수소 가죽인 스티어 하이드(STEER HIDE), 3년 이상된 식용 수소 가죽인 불 하이드(BULL HIDE)가 있습니다. 큰소 가죽은 카프 스킨이나 킵 스킨에 비해 두껍고 질긴다는 특징이 있습니다.

가공 방법에 따라 슈렁큰, 풀그레인(FG), 엠씨, 통가죽, 스웨이드, 엠보 등으로 구분할 수 있습니다.

송치 / 슈렁큰 / 통가죽 / 엠씨

양가죽 양가죽은 촉감이 매우 부드러우나 강도가 대체적으로 약해 가방이나 소품을 만드는 과정에서 주의해야 합니다. 완성한 후에도 사용하면서 관리에 주의해야 합니다.

<u>연령에 따라</u> 램 스킨(LAMB SKIN)은 생후 1년 미만의 양가죽으로 모공이 작아 촉감이 부드럽다는 특징이 있습니다. 고급여화, 장갑, 핸드백 용으로 쓰이며 강도가 약하다는 단점이 있습니다. 쉽 스킨(SHEEP SKIN)은 생후 1년 이상된 양가죽으로 매우 가볍고 부드러우나 램 스킨에 비해서는 다소 거친 느낌입니다.

염소가죽 특유의 염소결이 매우 아름다우며 워싱에 따라 다소 뻣뻣한 경우도 있으니 용도에 따라 잘 골라서 구입해야 합니다.

<u>연령에 따라</u> 키드 스킨(KID SKIN)은 생후 1년 미만의 새끼 염소 가죽으로 모공 모양이 특이하고 고트 스킨보다 부드러우나 내구성이 다소 떨어진다는 단점이 있습니다. 고트 스킨(GOAT SKIN)은 생후 1년 이상된 염소 가죽으로 은면의 독특한 주름 무늬가 특징이며 키드 스킨보다 표면은 거칠지만 내구성이 강한 편입니다.
<u>가공 방법에 따라</u> 염소 스웨이드, 워싱염소 등이 있습니다.

돈피 돼지가죽으로 두께가 아주 얇습니다. 스웨이드 면이 있는 돈피는 여러 가지 소품의 안감으로 활용하면 좋습니다.

| 양가죽 | 염소 스웨이드 | 염소가죽 | 돈피 |

특수가죽 천연무늬가 매우 아름답지만 희소성 때문에 값이 매우 비쌉니다. 제품을 제작할 때에도 매우 조심스럽게 다뤄야 합니다.

특수가죽 중에 악어가죽으로는 크로커다일, 앨리게이터, 카이만이 대표적인데, 크로커다일은 최상급 가죽종이며 앨리게이터에 비해 배의 패턴이 복잡하며 아름답습니다. 앨리게이터는 크로커다일보다 배의 패턴이 덜 복잡하며 대형사이즈의 제품에 많이 사용됩니다. 카이만은 인도산 악어로 사이즈가 타종에 비해 왜소하며 가죽이 딱딱해 다른 악어가죽에 비해 선호도가 떨어지는 경향이 있습니다.
기타 특수 가죽으로는 아나콘다, 타조, 도마뱀 가죽 등이 있습니다. 아나콘다가죽은 보기와는 다르게 감촉이 매우 부드러우며 특유의 패턴과 다양한 컬러가 매력적입니다. 타조가죽은 깃털이 있던 자리에 볼록하게 튀어나온 모공 덕분에 특수가죽 중 악어와 함께 여성이 사랑하는 아이템입니다. 도마뱀가죽 또한 특유의 패턴이 매력적이지만 다른 가죽에 비해 크기가 작기 때문에 가방보다는 지갑이나 소품류에 많이 사용됩니다.

| 아나콘다 | 악어 | 타조 | 도마뱀 |

★ 가죽을 뚫을 때 필요한 도구

가죽을 뚫을 때 필요한 도구로는 그리프와 송곳 그리고 재단판이 필요합니다.

그리프

그리프는 가죽에 바느질 구멍을 뚫을 때 사용합니다. 생산되는 회사에 따라 그리프의 모양이나
치수, 바느질 구멍의 모양이 다릅니다. 위는 프랑스 블랑샤르의 그리프로 호수가 커질수록
바느질땀의 간격이 넓어집니다.

송곳

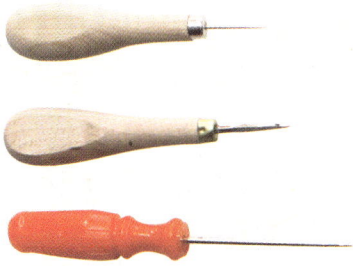

가죽에 구멍을 뚫거나 실을 마감할 때 사용합니다.

재단판

각종 도구의 날이 상하지 않게 재단판
위에서 작업하는 게 좋습니다.
가능하다면 작업대 전체를 두께 4mm
이상의 투명 고무판을 덮고 작업하는 편
이 좋습니다.

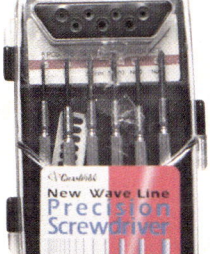

★ 스크루 드라이버

필요에 따라 +,− 드라이버의 크기를 선택해 사용합니다.
크고 길어질수록 힘을 전달하기 편합니다.

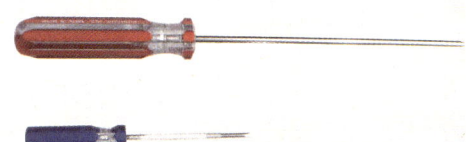

★ 크리저와 밀납에 필요한 공구

크리징 라인을 그을 때는 크리저나 디바이더가 필요합니다. 크리저는 온도 조절기와 연결해서 사용하면 됩니다.
밀납과 사포도 준비해주세요.

크리저와 디바이더 온도 조절기와 연결하여 온도를 조절할 수 있는 크리저입니다.
여러 종류의 크리저가 있으니 자신에게 맞는 크리저를 선택합니다.
디바이더는 각종 치수를 재거나 표시할 수 있는 도구입니다.

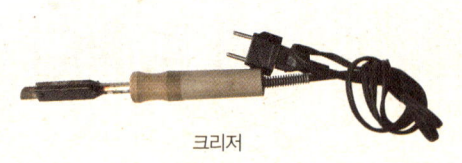

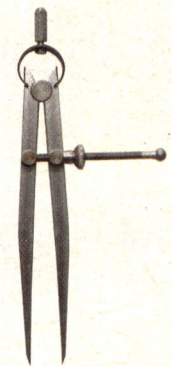

크리저 온도조절기 디바이더

밀납과 사포 밀납은 실에 코팅을 하거나, 크리저로 녹여 가죽의
단면을 코팅할 때, 사포는 가죽의 단면을 다듬을 때
사용합니다.

밀납 사포

★ 작업용 공구

각종 망치, 펜치, 펀치류의 공구와 리벳 부착에 필요한 공구를 준비하세요.

망치류
● 작은 쇠망치는 좁은 면적을 두드리거나, 강한 힘을 필요로 하지 않을 때 유용합니다.
● 납볼 망치는 망치 안에 납볼이 들어가 있어, 같은 힘으로 더 효율적인 작업을 할 수 있습니다. 고무 망치와 같은 역할입니다.
● 쇠 망치는 작은 쇠망치보다 강한 힘을 필요로 할 때 사용합니다.
● 고무 망치는 금속을 상하지 않도록 두드릴 때 유용합니다.

작은 쇠망치 납볼 망치 쇠망치 고무 망치

펜치류

● 파라플루이는 가죽을 압착하거나, 모서리의 형태를 잡을 때 사용합니다.
● 펜치는 금속을 잡거나 자를 때 사용합니다.
● 스냅링 플라이어는 각종 링을 벌릴 때 유용합니다.

파라플루이

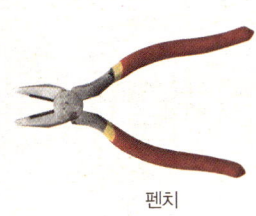

펜치

스냅링 플라이어

펀치류

● 원형 펀치는 원을 뚫을 때 사용합니다. 원하는 치수에 따라 펀치의 크기를 선택합니다.
● 날 펀치는 솔트레지 구멍을 뚫을 때 유용한 펀치입니다.
● 타원 펀치는 타원 모양의 펀치입니다.

원형 펀치

날 펀치

타원 펀치

리벳 부착용

● 각각의 아일렛 사이즈에 맞는 아일렛 세트를 사용합니다.
● 각각의 리벳 사이즈에 맞는 리벳 세트를 사용합니다.
● 다용도 쇠판은 여러 크기의 리벳을 부착할 수 있습니다.
● 스프링 도트 누름쇠 세트로 스프링 도트를 부착합니다.

아일렛 세트

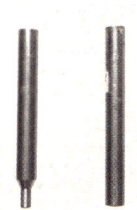

리벳 세트

다용도 쇠판

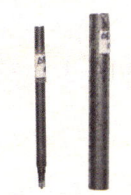

스프링 도트 누름쇠 세트

★ 가죽 접착에 필요한 준비물

가죽을 접착시킬 때에는 본드와 테이프를 비롯하여 붓과 롤러 등 몇 가지 도구가 필요합니다.

본드와 테이프
- 가죽을 붙일 때 본드를 사용하는데 몇 가지 종류가 있습니다. 수성 본드는 독성이 없는 친환경 소재로 환기가 잘 되지 않는 실내에서도 작업이 가능하며 인체에 무해하다는 장점이 있지만 접착 후 딱딱한 느낌이 있고 바스락거리는 소리가 난다는 단점이 있습니다. 고무본드는 금속과 가죽을 붙일 때 유용하며 접착력이 강하다는 장점이 있는 반면 냄새가 강하기 때문에 환기에 주의해야 하고 인화성이므로 화기에도 주의해야 합니다. 펜형 본드는 좁은 면을 부착할 때 유용합니다.
- 마스킹·테이프는 붙였다가 쉽게 떼어낼 수 있는 테이프로 가죽의 일정한 면에 본드를 바를 때 유용하게 사용할 수 있습니다. 셀로판 테이프는 도안을 가죽에 고정시킬 때 사용하면 좋습니다.

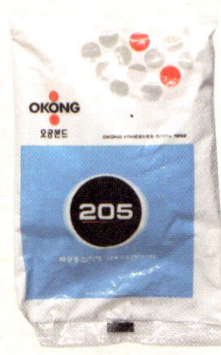
수성 본드

고무 본드

펜형 본드

셀로판 테이프

마스킹 테이프

기타 준비물
- 본드 주걱과 붓은 본드를 펴서 가죽에 얇게 펴 바를 때 사용합니다.
- 롤러는 본드로 부착한 가죽을 균일하게 압착시킬 때 유용한 도구입니다.
- 본드 크리너는 가죽에 묻은 고무 본드를 제거할 때 사용합니다.

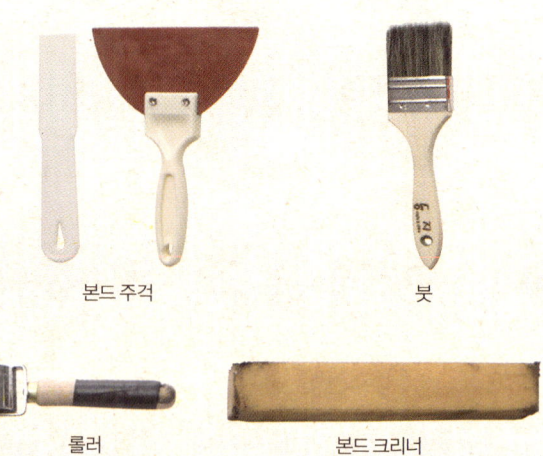
본드 주걱

붓

롤러

본드 크리너

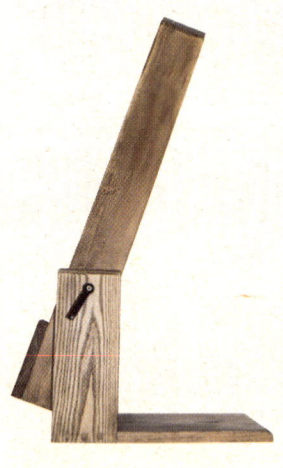

★ 포니
새들스티치를 할 때 가죽을 잡는 용도로 사용하는 기구입니다.

★ 재단과 피할에 필요한 도구

가죽을 이용해 무엇을 만들던 간에 재단부터 해야 합니다. 또 가죽과 가죽을 접착하거나 꿰맬 때 피할을 해야 합니다.
재단과 피할에 필요한 도구를 모았습니다.

칼

도안이나 가죽을 자를 때 사용합니다.
비싼 가죽 전용 칼도 있지만, 용도에
맞고 자신에게 편한 칼을 사용하면
됩니다.

스키버

가죽을 깎아낼 때 사용합니다.

가위와 쪽가위

● 가위는 도안이나 가죽을 자를 때
　사용합니다.
● 쪽가위는 실을 끊을 때 사용합니다.

자

치수를 재거나 재단을 할 때
사용합니다. 여러 형태와 크기의
자가 있으니 용도에 맞게 선택해서
사용합니다.

★ 단면 마감에 필요한 도구

가죽의 단면을 마감할 때 필요한 도구를 모았습니다. 엣지코트와 단면 마감재가 필요하며 브러쉬류를 준비해야 합니다.

엣지코트

가죽의 단면을 마감하는 엣지코트입
니다. 다양한 색상이 있고 조색을 해서
사용해도 됩니다.

단면 마감재와 슬리커

● 단면 마감재는 가죽의 단면이나 뒷
　면을 마감할 때 사용합니다.
● 슬리커는 단면마감재를 바르고 문
　질러 마감합니다.

브러쉬류

● 큰 붓은 각종 마감재를 바를 때 사
　용합니다. 넓은 면에 유용합니다.
● 작은 붓은 각종 마감재와 엣지코트
　를 바를 때 유용합니다. 좁은 면을
　바를 때 유용합니다.
● 면봉은 엣지코트를 바를 때 사용
　합니다.

★ 그리프 사용방법

질기고 두꺼운 가죽의 특성상 바느질 하기 전에 미리 구멍을 뚫어야 바느질이 가능합니다. 본문에서 사용하는 그리프는 프랑스에서 만들어진 베르제 블랑샤르 제품입니다. 이밖에도 다양한 그리프가 있으니 원하는 가격과 형태의 제품을 선택하여 사용하면 됩니다.

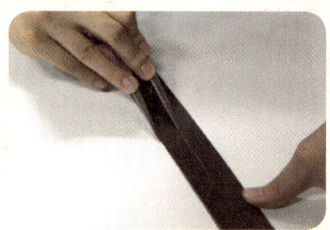

1 디바이더 혹은 크리저로 라인을 긋습니다.

2 라인에 맞춰 그리프를 사진과 같이 가죽과 직각이 되도록 세워준 뒤 망치로 칩니다. ✏️망치로 칠 때 그리프가 움직이지 않도록 손으로 세게 고정합니다. 만약 그리프가 움직이면 원하는 라인이 아닌 곳에 그리프 자국이 생길 수 있습니다.

3 그리프를 위 사진처럼 기울여서 치면, 겉면과 안쪽면의 그리프 라인이 달라지므로 주의합니다.

★ 크리징 라인 긋기

크리징 라인은 그리프를 사용해서 가죽에 구멍을 뚫기 전 가이드 라인으로도 활용되고, 장식선의 역할도 합니다.

1 온도 조절기, 크리저, 가죽을 준비합니다.

2 크리저를 온도 조절기에 꽂습니다.

3 온도 조절기의 온도를 조절합니다.

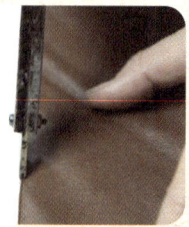

4 크리저를 쥐고 가죽 단면을 따라 긋습니다. ✏️너무 강한 힘을 줄 필요는 없고, 가죽의 단면을 자연스럽게 따라 내려간다는 느낌으로 긋습니다.

5 온도 조절기를 이용하여 적당한 온도를 찾아 긋습니다. ✏️가죽에 따라 적당한 온도가 다르니 항상 여분의 가죽에 테스트를 해본 후 긋습니다.

6 크리징 라인이 들어간 모습입니다.

★ 밀납으로 단면 마감하기

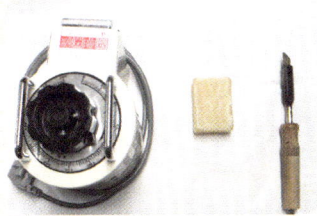

1 변압기, 크리저, 밀납을 준비합니다.

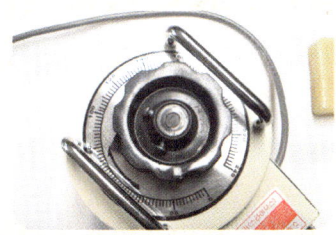

2 변압기를 80 볼트로 맞춥니다.

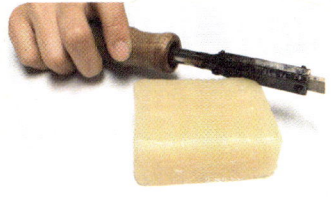

3 크리저의 손잡이 부분 가까운 쪽에 밀납을 묻힙니다. 🖌 크리저의 열로 인해 자연스럽게 밀납이 녹습니다. 밀납을 너무 많이 녹이면 흐를 수 있으니 아주 조금만 녹여서 묻혀주세요.

4 녹인 밀납을 단면 위에 골고루 바릅니다.

5 밀납으로 단면 코팅을 마친 모습입니다.

★ 재단하기

가죽을 재단할 때에는 구두칼 또는 30도 커터칼을 이용하시면 좋습니다. 재단할 때에는 손바닥 전체를 이용하여 힘있게 움켜쥔 뒤 사용해야 안전합니다.

1 구두칼로 재단하는 모습.

2 30도 커터칼로 재단하는 모습.

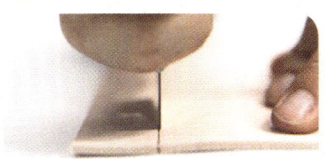

3 가죽과 칼날이 직각을 유지해야 단면을 균일하게 자를 수 있으니 주의하세요

★ 러닝스티치(홈질)

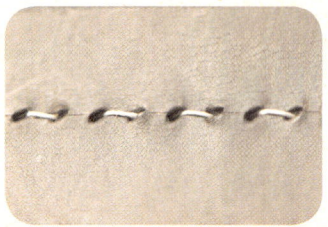

*겉과 안의 바늘땀 길이를 똑같이 하는 바느질입니다.

1 바늘에 실을 꿰어 매듭을 지은 후 첫번째 구멍에 넣는데, 바늘이 아래에서 위쪽을 향하게 합니다.

2 다음 구멍에는 바늘이 위에서 아래쪽을 향하게 넣고, 그 다음 구멍에는 아래에서 위쪽을 향하게 넣습니다.

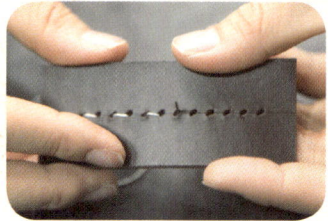

3 위쪽 아래쪽을 왔다갔다하면서 한 땀 한 땀 꿰맵니다.

4 완성된 모습입니다.

★ 크로스스티치

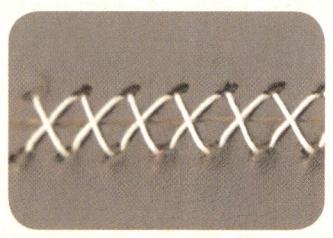

*X자 형태의 바느질 방법으로 주로 서로 다른 두 단면을 접합할 때 활용합니다.

1 매듭을 짓고 시작 땀에 바늘을 넣습니다.

2 다른 단면의 한 땀 옆 아랫쪽 구멍에 바늘을 넣습니다.

3 안쪽 면은 —자가 되도록 합니다.

4 계속해서 2~3번 방법을 반복합니다.

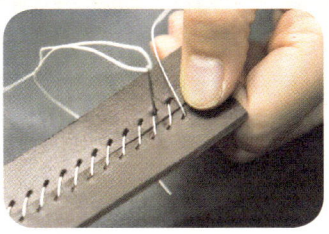

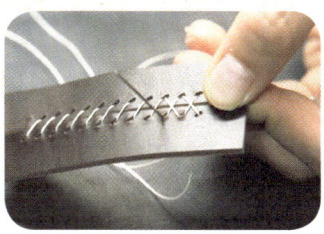

5 끝까지 꿰맨 후 다른 단면의 한 땀 옆의 구멍에 바늘을 넣어 겉면의 실이 X자가 되도록 합니다.

6 계속해서 마지막까지 바느질합니다.

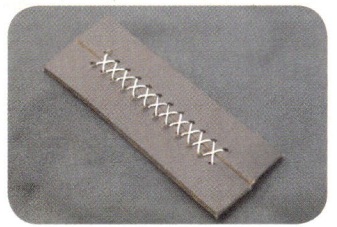

7 완성된 모습입니다.

★ 헤밍스티치(감침질)

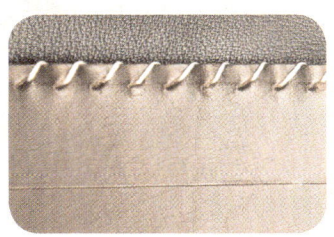

*가죽의 양끝면이나 단면을 실로 감으며 튼튼하게 꿰매는 바느질입니다.

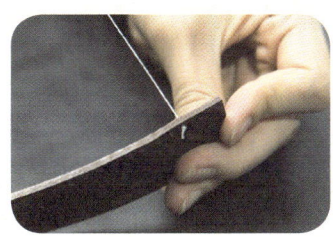

1 실의 끝에 매듭을 짓고 뒷면에서 앞면 방향으로 바늘을 뺍니다.

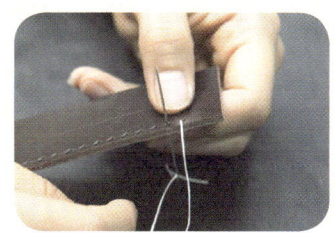

2 두번째 땀에도 뒷면에서 앞면 방향으로 바늘을 끼워넣습니다.

3 실의 모양이 사선이 되도록 바느질합니다.

4 바느질이 끝날 때까지 반복합니다.

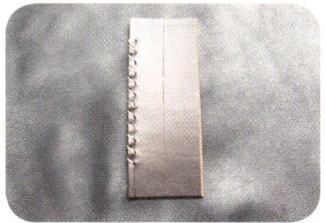

5 완성된 모습입니다.

★ 백스티치(박음질)

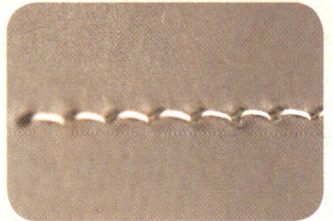

*한 땀은 앞으로 나가고 한 땀은 바늘을 뒤로 되돌려 박는 바느질 방법입니다.

1 한 땀을 비우고 두 번째 구멍에 바늘을 넣어 바느질을 시작합니다. 한 땀 되돌아가서 바늘을 빼내고 한 땀 건너 뛰고 바늘을 넣습니다.

2 다시 한 땀 뒤로 되돌아가서 바늘을 넣습니다.

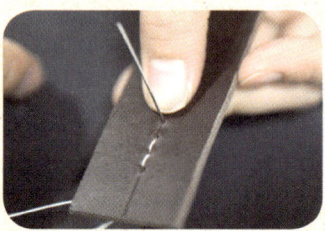

3 다시 두 땀 앞에서 바늘을 빼냅니다.

4 다시 한 땀 뒤로 되돌아가서 바늘을 넣습니다.

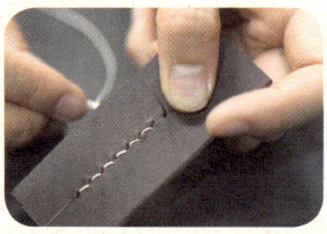

5 2~4번 방법을 반복합니다.

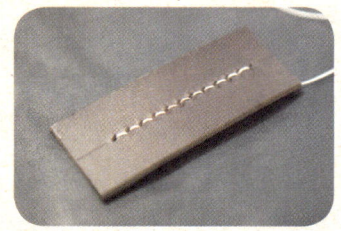

6 완성된 모습입니다.

★ 새들스티치

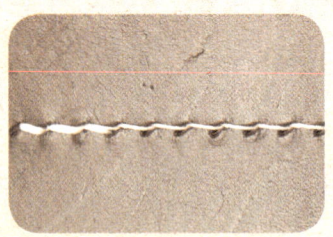

*양손으로 하는 바느질 방법으로 양면이 모두 아름다운 사선으로 바느질되어 보기에 좋을 뿐만 아니라 매우 튼튼합니다.

1 그리프를 뚫어놓은 가죽의 앞면을 자신의 왼쪽에 두고 포니에 끼웁니다.

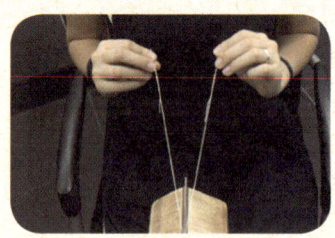

2 첫 번째 땀에 바늘을 끼운 뒤 실의 길이가 같아지도록 잡습니다.

3 왼손의 바늘을 먼저 끼웁니다.

4 바늘을 빼고 난 뒤 실과 바늘을 팽팽하게 잡습니다.

5 오른손에 쥔 바늘을 왼손으로 팽팽하게 잡고 있는 실 아래로 끼웁니다.
✏️ 이 때 오른쪽 바늘이 왼쪽 바늘의 실을 관통하지 않도록 주의합니다.

6 왼손으로 잡고 있었던 바늘과 실을 놓고, 각각 오른쪽, 왼쪽 바늘을 잡습니다.

7 동시에 끝까지 잡아 당깁니다.

7-1

7-2

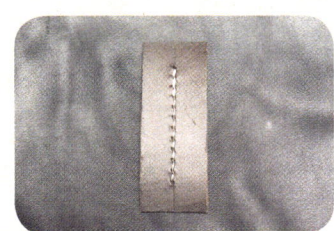

8 완성된 모습입니다.

★ 새들스티치용 실에 바늘 꿰기

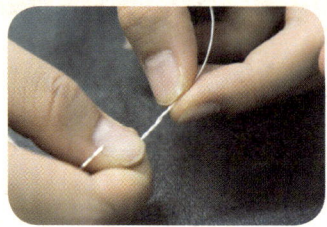

1 실의 끝에서부터 바늘의 1.5 배 정도 되는 부분의 실을 돌려 갈라지도록 합니다.

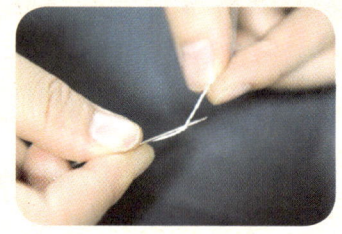

2 바늘로 실을 관통합니다.(5mm 정도의 간격으로 2~3회 더 관통합니다.)

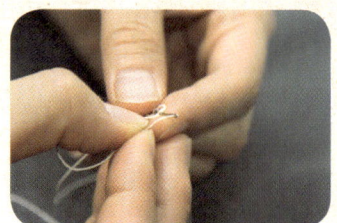

3 2번을 완성하고 난 뒤, 옆에서 본 모습입니다.

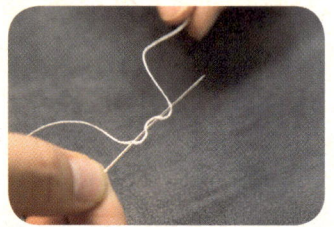

4 실 끝을 바늘귀에 꿰어줍니다.

5 바늘귀에 꿰었습니다.

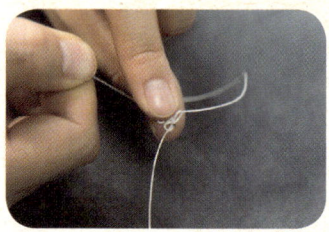

6 바늘 위쪽으로 관통되어 있는 실을 전체적으로 감싸듯 잡아서 바늘귀 바깥쪽으로 쭉 내립니다.

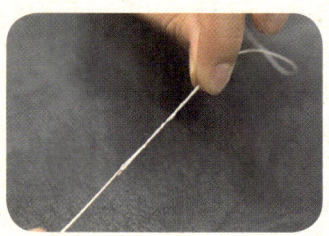

7 실이 팽팽해질 때까찌 쭉 잡아 내려줍니다.

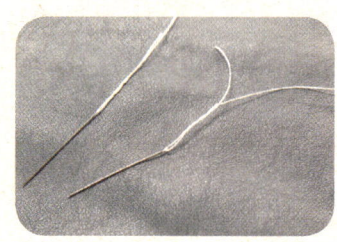

8 실의 다른 쪽 끝을 1~7번 과정을 반복하여 실 양쪽 끝에 바늘을 꿴 모습니다.

★ 양면 리벳 달기

겉과 안의 리벳이 모두 노출될 때 사용하면 깔끔하게 마무리되어 보기에 좋습니다. 가죽과 가죽을 리벳만으로 고정할 수 있어 편리합니다.

1 양면 리벳과 2mm 원형펀치, 양면리벳용 공구, 망치를 준비합니다.

2 양면 리벳을 장착할 가죽 위에 2mm 펀치를 고정한 뒤 망치로 쳐서 구멍을 냅니다.

3 양면 리벳용 판 위에 숫놈 리벳을 올립니다.

4 가죽의 구멍에 리벳을 끼워 넣습니다.

5 리벳을 가죽에 끼운 모습입니다.

6 5번 위에 나머지 암놈 리벳 한 쪽을 끼웁니다.

7 양면용 리벳 장착 도구를 리벳 위에 맞춥니다.

8 움직이지 않도록 잘 잡아준 뒤, 나머지 손으로 망치를 이용해 칩니다.

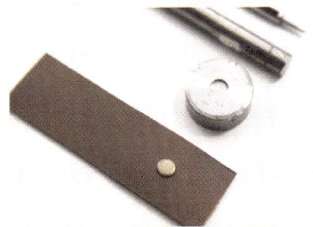

9 양면 리벳을 장착한 모습입니다.

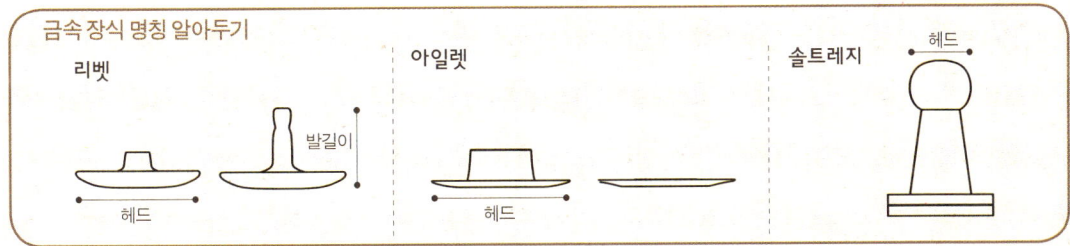

금속 장식 명칭 알아두기

리벳   발길이   헤드

아일렛   헤드

솔트레지   헤드

★ 솔트레지 달기

가장 간단하고도 유용하게 쓰이는 잠금 장식입니다. 포켓이나 팔찌 등의 액세서리 잠금 장식으로 활용하기 적당합니다.

1 5mm솔트레지 1세트, 2mm 펀치, 4mm 날펀치 그리고 망치를 준비합니다.

2 가죽면 위에 2mm 펀치를 이용하여 구멍을 냅니다.

3 구멍에 솔트레지의 나사가 있는 밑판을 끼웁니다.

4 끼운 모습입니다.

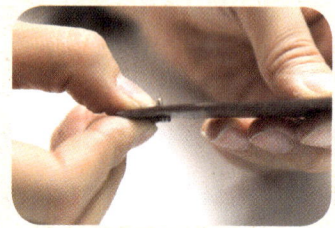

5 옆면에서 바라본 모습입니다.

6 솔트레지의 캡을 아래 면에 맞춘 뒤 손으로 돌립니다.

7 드라이버를 이용해 나사가 풀리지 않도록 세게 돌립니다.

8 솔트레지 끼울 부분을 4mm 날펀치 이용해 위치를 잡습니다.

9 망치를 이용해 칩니다.

10 완성된 모습입니다.

11 완성된 솔트레지를 홀에 끼우는 모습입니다.

12 솔트레지 잠금 장치가 완성되었습니다.

★ 가죽 공예 재료, 어디서 구입하지?

가죽 공예를 시작한다면 첫 번째 난관이 재료 구입일 것입니다. 도대체 어디에 가서 무엇을 사야 할까요? 우선 신설동과 성수동으로 가보세요. 가죽과 부자재를 판매하는 시장이 형성되어 있습니다.
처음 가보는 것이라면 가죽의 종류도 잘 모르고 용어도 낯설어 어리둥절하겠지만, 가죽 시장의 분위기를 직접 느껴보면서 발품을 팔다보면 마음에 쏙드는 좋은 가죽을 만날 수 있을 거예요. 직접 갈 시간과 용기가 없다면 인터넷 쇼핑몰에서 구입하는 것도 편리합니다. 처음부터 잘할 수는 없겠지만 몇 번 시도하다보면 나름의 노하우가 생길 거예요.

신설동 가죽시장

동묘앞역과 신설동역 사이에 걸쳐 피혁상이 분포해 있다. 주로 도매 위주이지만, 요즘은 가죽 공예 수요가 늘어나 소매로도 많이 판매한다. 주로 가방 위주의 시장이기 때문에 가죽가게 외에도 가방 제작에 필요한 부자재들을 모두 구입할 수 있다는 장점이 있다.
지하철 : 신설동역 10번 출구, 동묘앞역 3번 출구

- **황소피혁**　　　　　　　　　tel. 02-2232-5235
  주로 국산 소가죽 위주로 취급하며, 평당 3~5천 원. 가격 대비 품질이 좋고 친절하다.
- **에쩨르레더**　　　　　　　　　tel. 02-2235-1256
  　　　　　　　http://blog.naver.com/l2h8s2
  주로 프랑스와 이탈리아 수입 가죽 취급. 시중에서 쉽게 구할 수 없는 고급 가죽이 많지만 고가인 편. 평당 7천~2만 원 정도.
- **반도피혁**　　　　　　　　　tel. 02-2238-1436
  　　　　　　　www.leatherbando.com
  국산과 수입 통가죽을 주로 취급하며, 평당 6천~1만 원 정도.
- **예쁜장식**　　　　　　　　　tel. 02-2235-8564
  샘플 정리가 잘 되어 있어 구매가 편리하다.
- **성원장식**　　　　　　　　　tel. 02-2235-2712
  가방 부자재 종류가 매우 다양하며 샘플 정리가 잘되어 있어 구매하기 편리하다.
- **제일상사**　　　　　　　　　tel. 02-2252-6774
  일본산 고급 지퍼 YKK등 부자재를 구입할 수 있다.

성수동 가죽시장

주로 구두 위주의 가죽시장이기 때문에 신설동과 비교하면 양가죽이나 염소가죽, 특수가죽 등의 종류를 많이 갖추고 있다.
지하철 : 성수역 4번 출구

- **SB 트레이딩**　　　　　　　　　tel. 02-463-5777
  국산과 수입산 소가죽, 양가죽, 염소가죽 등 다양한 컬러와 다양한 종류의 가죽 판매. 평당 4천~1만 5천 원 정도.
- **대원특수피혁**　　　　　　　　　tel. 070-4232-0800
  　　　　　　　www.daewon81.com
  최고급 아나콘다가죽, 도마뱀가죽, 타조가죽, 크로커다일 등 다른 곳에서는 볼 수 없는 최고급 품질의 가죽을 구매할 수 있다. 특수피혁은 판매단위가 다른 가죽들과 다르므로 전화로 문의하는 것이 좋다.

- **성신아트컬렉션**　　　　　　　　　tel. 02-467-0149
  주로 구두 장식이지만 다양한 크기의 고무밴드와 지퍼 등 부자재도 구입 가능하다.

인터넷 쇼핑몰

- **베르제 블랑샤르**　　　　　www.vergez-blanchard.com
- **만물상**　　　　　　　　　blog.naver.com/jmm77
- **레더크래프트툴**　　　　　www.leathercrafttool.co.kr
- **셍빠**　　　　　　　　　　www.sympa.co.kr

남대문시장

신세계백화점 본점 옆 자유상가 3층에 국산 부자재와 가죽 공예에 필요한 공구를 구입할 수 있는 곳들이 있다.
지하철; 회현역 7번 출구

- **동일금속**　　　　　　　　　tel. 02-319-9578
  국산 부자재를 구입할 수 있는 곳으로 중국산보다 품질이 좋다.

동대문시장

동대문종합시장 지하 1층과 5층 부자재 상가에서 다양한 부자재를 구입할 수 있다.
지하철 : 동대문역 8번 출구

피할가게

가죽은 대부분 두께가 다르다. 그 두께를 고르게 하기 위해 단면을 잘라내는 것을 피할이라고 하는데, 초보가 도전하기에는 어려움이 많다. 피할을 해주는 가게에 맡기는 편이 좋은데, 피할 정도는 용도에 맞게 정하면 된다. 주로 겉감의 두께는 1.2~1.5mm, 안감의 두께는 0.7~0.8mm 정도로 하여 겉감과 안감이 합쳐졌을 때 2~3mm 정도가 되면 적당하다.

- **신설동 대신피할**　　　　　　　　　tel. 02-2233-8890
  소가죽 전체 피할이 가능하며, 장당 피할 가격 3000원.
- **성수동 하늘스끼**　　　　　　　　　tel. 02-2205-4002
  피할 가능한 최대폭 35cm이지만, 장당 피할 가격은 매우 저렴하다. 정교한 피할도 가능.

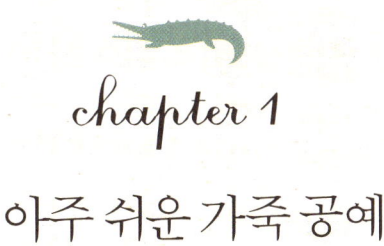

chapter 1

아주 쉬운 가죽 공예

키홀더, 컵 받침, 팔찌, 명함지갑……. 센스 있는 소품을 같이 만들어 볼까요?
처음 시작하는 이라도 차근차근 따라하다 보면 두 시간 만에 뚝딱! 만들 수 있답니다.
작은 소품들을 하나하나 만들다 보면 가죽 공예의 매력에 푹 빠져들 거예요.

목걸이 스타일 키홀더입니다. 가죽 끈 길이는 필요에 따라 짧게 혹은 길게 만들 수 있어요.
열쇠를 쉽게 찾을 수 있을 뿐 아니라 액세서리로도 멋지게 활용할 수 있는 아이템이지요.
활용도에 비해 놀랄 정도로 만들기 쉽습니다.

목걸이 키홀더

how to

준비물	딥 오렌지 컬러 소가죽, 아이보리 컬러 소가죽, 키홀더 장식 링(지름 30mm, 부착고리 14mm)
재단하기	앞면 : 딥 오렌지 컬러 소가죽 780×34mm
	뒷면 : 아이보리 컬러 소가죽 780×34mm
만드는 방법	① 도안보다 사방 1cm 정도 여분을 두고 앞면과 뒷면을 재단합니다.
	② 앞면과 뒷면을 본드로 붙인 후에 도안을 대고 재단합니다.
	③ 크리징 라인 긋고 단면을 마감합니다.
	④ 펀치로 구멍 뚫어 키홀더 장식 링을 가죽에 부착합니다.
	*부록에 있는 실물 크기의 도안을 이용해 재단하세요.
	*도안의 폭이 14mm인 이유는 준비한 키홀더 장식 링의 부착고리가 14mm이기 때문입니다.
소요시간	2시간
난이도	하

760

14

앞면·뒷면

start

1 앞면과 뒷면, 도안, 키홀더 장식 링을 준비합니다.

2 앞면에 본드를 얇고 균일하게 펴바릅니다.

3 뒷면에도 본드를 얇고 균일하게 바릅니다.

4 두 장의 가죽을 구김이 가지 않도록 한쪽부터 눌러 붙여 줍니다.

5 롤러를 이용하여 가죽을 고르게 누릅니다. 롤러는 두 장의 가죽을 균일하게 붙일 때 유용합니다.

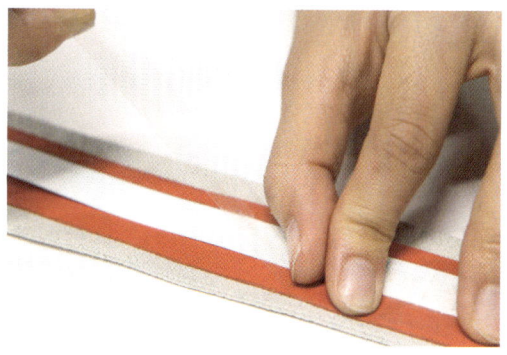

6 본드가 완전히 마른 뒤, 도안을 테이프로 붙입니다. 대략 하루 정도 지나고 작업하는 것이 가장 좋지만 시간이 촉박할 경우 1시간 정도 지난 뒤 만져보았을 때 굳은 느낌이 들면 진행하세요. 본드가 마르지 않은 상태에서 재단을 하면 층이 생길 가능성도 있고 본드가 칼에 묻을 수도 있답니다.

7 도안을 따라 재단합니다. (P. 19 참조)

8 재단한 모습입니다.

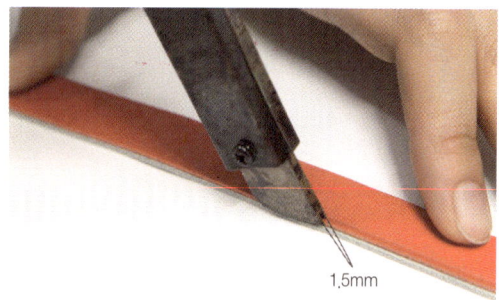

1.5mm

9 크리저로 1.5mm 안쪽에 크리징 라인을 긋습니다. (P. 18 참조) 크리저의 온도가 지나치게 높을 경우, 가죽이 탈 수 있으니 같은 가죽에 테스트를 해본 뒤 긋습니다.

10 엣지코트를 바른 뒤 5분 정도 지나 완전히 마르면 같은 방법으로 2~3번 덧칠합니다. 엣지코트는 얇게 펴바릅니다. 면봉, 이쑤시개, 붓, 전용도구 등 다양한 도구 중 편리한 도구를 선택하면 됩니다.

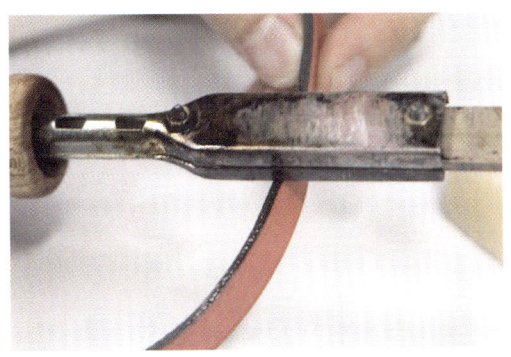

11 엣지코트가 완전히 마른 뒤 밀납을 녹여 바릅니다. (P. 19 참조) 흐르거나 뭉칠 수 있으니 밀납은 적당량을 사용하세요. 밀납 마감은 접합면을 단단히 붙여주고, 방수 기능이 있으며 변색을 방지합니다.

12 키홀더 장식 안에 가죽을 넣고 송곳으로 표시합니다.

13 표시된 부분에 2mm 펀치로 구멍을 뚫습니다.

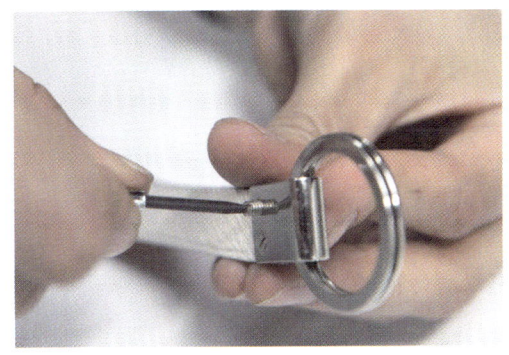

14 가죽을 키홀더 장식에 끼운 뒤 나사를 조입니다.

15 완성된 모습입니다.

finish

액세서리 트레이

시계, 반지, 팔찌, 목걸이……. 외출하고 집에 돌아오면 여기저기 풀어놓게 되는 아이템들이지요.
고급스러운 느낌의 통가죽 트레이를 한 번 만들어보면 어떨까요? 좀더 많은 아이템을 담고 싶다면 도안의 크기를 늘려
나만의 멋진 맞춤형 트레이를 만들어보세요.

how to

준비물	네이비 컬러 소 통가죽, 양면 리벳 4세트(지름 10mm, 높이 9mm)
재단하기	몸판 : 네이비 컬러 소 통가죽 150×180mm
만드는 방법	① 도안에 맞게 가죽을 재단합니다.
	② 도안을 대고 정확한 위치에 펀치로 구멍을 모두 뚫어 줍니다.
	③ 양면 리벳을 달아줍니다.
	＊부록에 있는 실물 크기의 본을 이용해 재단하세요.
소요시간	1시간
난이도	하

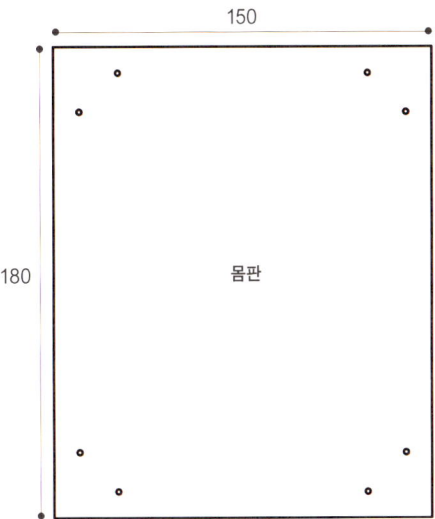

start

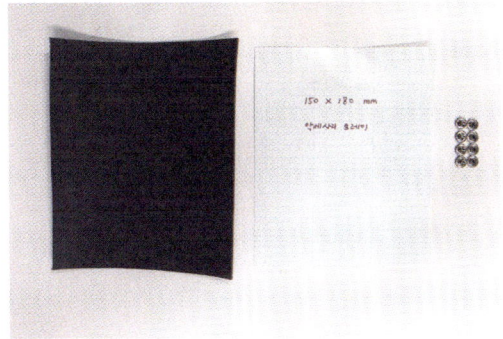

1 도안에 맞게 가죽과 리벳을 준비합니다.

2 가죽 겉면에 테이프로 도안을 고정합니다.

3 도안을 따라 칼로 재단합니다. (P. 19 참조)

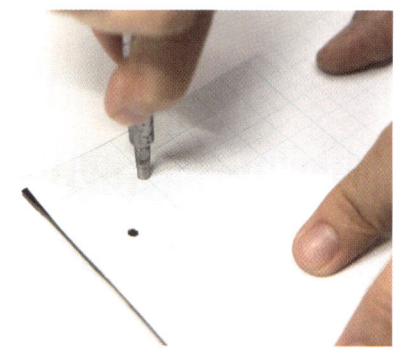

4 도안을 대고 2mm펀치로 구멍 뚫을 부분을 표시합니다.

5 트레이의 모서리 각각에 2mm 원형 펀치를 대고 망치로 칩니다.

6 구멍을 모두 뚫은 모습입니다.

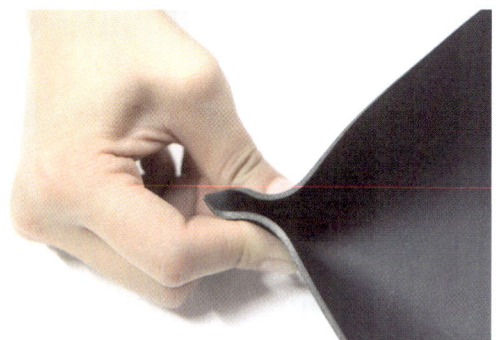

7 손으로 가죽의 귀퉁이를 눌러 형태를 잡습니다.

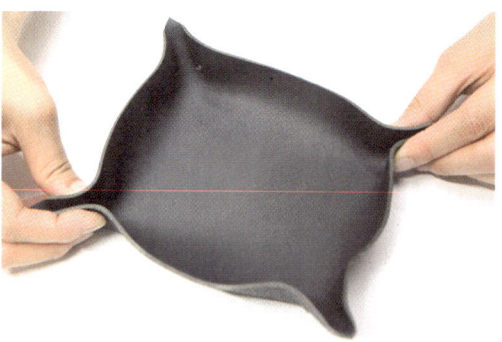

8 전체적으로 형태를 잡은 모습입니다.

9 양면 리벳을 부착하기 위해 숫놈 리벳을 미리 뚫어놓은 구멍에 넣습니다. (P. 25 참조)

10 가죽을 접어 나머지 구멍에도 리벳을 끼워 넣습니다.

11 암놈 리벳을 숫놈 리벳과 끼워 맞춥니다.

12 숫놈 리벳의 머리를 리벳판 위에 놓습니다.

13 리벳세터와 망치를 이용해 리벳을 결합시킵니다.

finish

컵 받침

음료수를 대접할 때 가죽 컵 받침을 사용해 보면 어떨까요?

테이블 위에 물이 흐르거나 컵 자국이 남지 않아 깔끔하지요. 가죽 컵 받침은 심플해서 어떤 컵에도 잘 어울립니다.

꼭 손님 접대가 아니더라도 차 한 잔을 깔끔하게 세팅해 보세요. 기분이 한결 좋아집니다.

how to

준비물	브라운 컬러 소 통가죽
	린넨사(린까블레 532 흰색)
재단하기	몸판 : 브라운 컬러 소 통가죽 100×100mm
만드는 방법	① 도안에 맞게 가죽을 재단합니다.
	② 크리징 라인을 긋고 그리프로 바느질할 구멍을 뚫어줍니다.
	③ 새들스티치합니다.
	*부록에 있는 실물 크기의 본을 이용해 재단하세요.
소요시간	2시간
난이도	하

100

몸판

start

1 도안에 맞게 가죽을 준비합니다.

2 테이프를 이용해서 도안을 가죽에 고정시키고, 칼로 재단합니다. ✎ 곡선을 먼저 재단하고 직선을 자르는 편이 좋습니다. (P. 19 참조)

3 재단한 모습입니다.

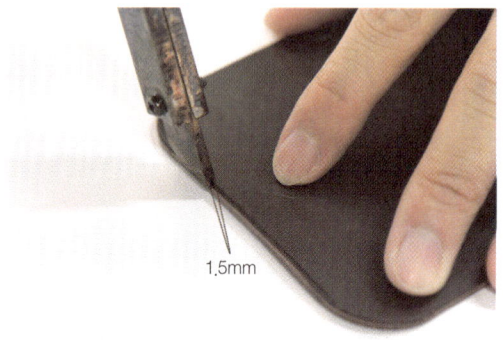

4 크리저로 1.5mm 안쪽에 크리징 라인을 긋습니다. (P. 18 참조) ✏️ 크리징 라인은 외형적인 측면 뿐만 아니라 그리프를 사용할 때 가이드라인 역할도 합니다. 크리저의 온도가 지나치게 높을 경우, 가죽이 탈 수 있으니 여분의 같은 가죽에 테스트를 해본 뒤 긋습니다.

5 단면의 거친 부분은 사포를 이용해 다듬습니다.

6 모서리에 가죽마감재를 얇게 바릅니다. ✏️ 통가죽의 뒷면은 마감이 되어 있는 것과 되어 있지 않은 것이 있습니다. 사용 목적에 맞게 구입하는 것이 좋습니다. 여기에서는 마감되어 있는 가죽을 사용했습니다.

7 1분 정도 지나 마감재가 어느 정도 마르면 부드러운 천을 이용하여 문지릅니다. ✏️ 천 이외에도 나무, 유리 등으로 만들어진 다양한 도구들이 있습니다. 전용도구인 슬리커를 이용하면 편리합니다.

8 크리징 라인을 따라 일정한 간격으로 그리프를 뚫습니다. (P. 18 참조)

041

9 일정한 간격으로 구멍을 뚫은 모습입니다.

10 새들스티치를 합니다. (P. 22~23 참조)

11 마지막 세 땀은 더블스티치를 해서 견고하게 마감합니다.

12 바느질이 끝나면 실을 잘라 정리합니다.

13 송곳 끝에 본드를 바르고 실끝에 묻힙니다. 1~2분 정도 기다렸다가 본드가 약간 마르면 송곳을 이용하여 밀어 넣습니다.

finish

꽈배기 팔찌

간단하지만 **특별한** 팔찌로 옷차림에 포인트를 주는 것은 어떨까요?

다른 컬러의 가죽을 사용하면 느낌이 달라집니다. 컬러가 다른 두세 개를 매치해도 색다른 분위기가 나지요.

만들기도 쉽고 선물용으로도 그만입니다.

how to

준비물	레드 컬러 소가죽, 솔트레지(헤드 5mm)
재단하기	앞면 : 레드 컬러 소가죽 420×30mm
	뒷면 : 레드 컬러 소가죽 420×30mm

만드는 방법
① 도안보다 사방 1cm 정도 여분을 두고 앞면과 뒷면을 재단합니다.
② 앞면과 뒷면을 본드로 붙인 후에 도안을 대고 재단합니다.
③ 크리징 라인 긋고 단면을 마감합니다.
④ 솔트레지를 달아주고 꼬아서 잠궈둡니다.

＊부록에 있는 실물 크기의 본을 이용해 재단하세요.
＊앞면과 뒷면은 구분이 없으며, 손목 굵기를 감안해 도안의 길이를 조절하세요.

소요시간   2시간
난이도

400
10   o⸺⸺⸺⸺⸺⸺⸺⸺⸺⸺o

start

1 앞면과 뒷면 가죽을 도안보다 사방 1cm 정도 크게 준비하고 본드를 얇게 펴바릅니다. ✐ 두 장의 가죽을 붙일 경우 항상 양면 모두 본드를 바릅니다.

2 두 장을 구김없이 잘 붙입니다.

3 롤러를 이용하여 가죽을 고르게 누릅니다. ✐ 롤러는 두 장의 가죽을 균일하게 붙일 때 유용합니다.

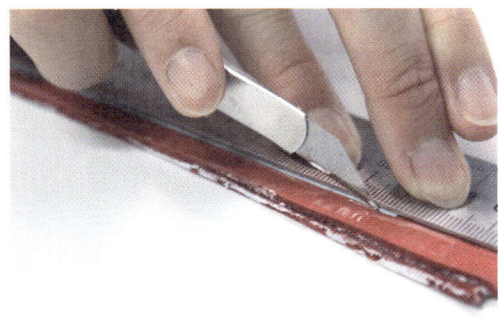

4 본드가 완전히 마른 뒤, 도안을 테이프로 붙이고 재단합니다. ✐ 1시간 정도 지난 뒤 만져보았을 때 굳은 느낌이 들면 진행하세요. 본드가 마르지 않은 상태에서 재단을 하면 층이 생길 가능성도 있고 본드가 칼에 묻을 수도 있답니다.

5 크리저로 테두리에 크리징 라인을 긋습니다. (P. 18 참조)

6 사포를 이용하여 단면을 다듬습니다.

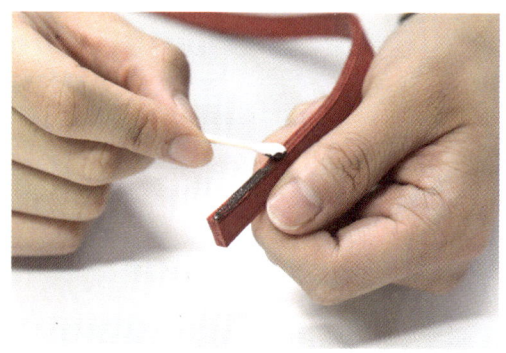

7 엣지코트를 바른 뒤 5분 정도 지나 완전히 마르면 같은 방법으로 2~3번 덧칠합니다. 　엣지코트는 얇게 펴바릅니다. 면봉, 이쑤시개, 붓, 전용도구 등 다양한 도구 중 편리한 도구를 선택하면 됩니다.

8 엣지코트를 고르게 발라준 모습입니다.

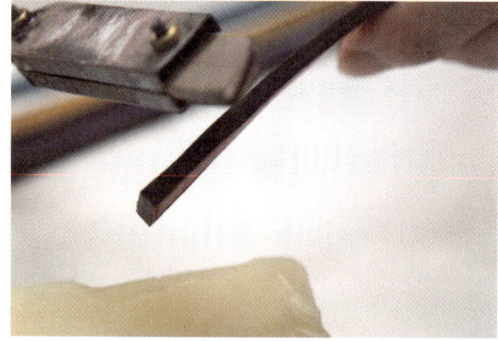

9 엣지코트가 완전히 마른 뒤 밀납을 녹여 바릅니다. (P. 19 참조) 　흐르거나 뭉칠 수 있으니 밀납은 적당량을 사용하세요. 밀납 마감은 접합면을 단단히 붙여주고, 방수 기능이 있으며 변색을 방지합니다.

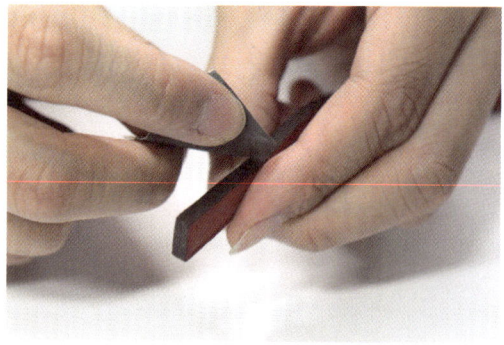

10 밀납이 고르게 발리지 않았다면, 고운 사포를 이용하여 살짝 갈아 낸 뒤에 밀납을 다시 발라주세요.

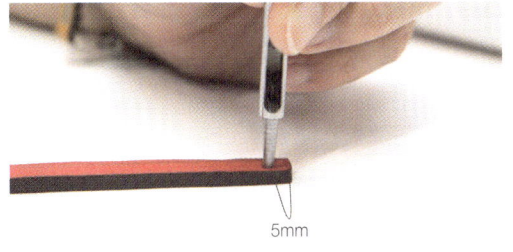

5mm

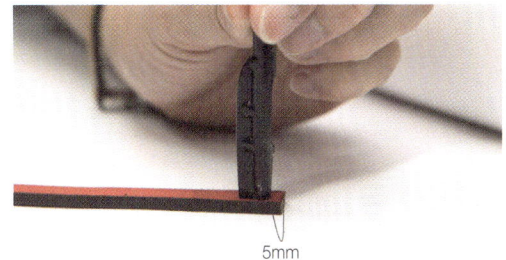

5mm

11 솔트레지를 달기 위해 가죽의 끝에서 약 5mm 떨어진 위치에 2mm 펀치를 이용하여 구멍을 뚫습니다. (P. 26 참조)

12 반대편 끝에도 약 5mm 떨어진 위치에 4mm 날펀치로 솔트레지 넣을 구멍을 뚫습니다. 도구가 없을 경우 펀치로 구멍을 뚫고 칼로 윗쪽을 조금 자릅니다.

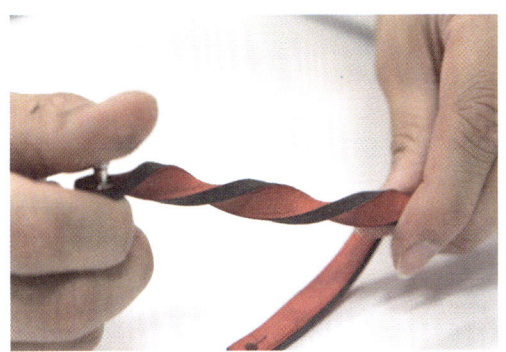

13 처음 뚫은 구멍에 솔트레지를 결합합니다.

14 가죽의 한쪽을 잡고 꼬아준 뒤 잠궈 둡니다. 몇 시간 후면 자연스럽게 형태가 잡힙니다.

finish

티슈 케이스

깔끔하게 수납할 수 있는 가죽 티슈 케이스를 만들어보세요.
심플하고 고급스러운 인테리어 효과도 낼 수 있습니다. 겨울에는 짙은 색으로
여름에는 밝은 색으로 만들어 인테리어 소품으로 활용해보세요.

how to

준비물	브라운 컬러 소 통가죽,
	린넨사(린까블레 332 흰색), 가죽마감재
재단하기	몸판 : 브라운 컬러 소 통가죽 450×335mm
만드는 방법	① 몸판을 재단합니다.
	② 디바이더로 라인을 긋고 그리프로
	바늘구멍을 냅니다.
	③ 왕복 러닝스티치를 합니다.
	＊부록에 있는 실물 크기의 본을 이용해 재단하세요.
소요시간	2시간
난이도	하

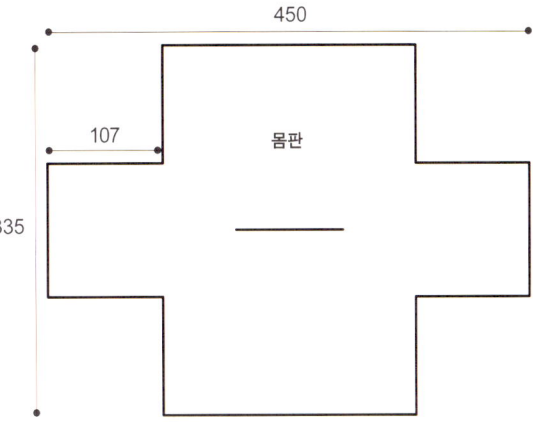

450

107

몸판

335

start

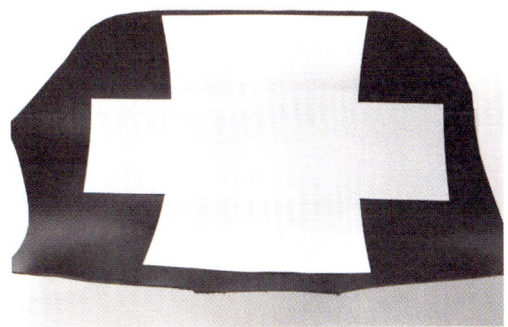

1 도안에 맞게 가죽을 준비합니다.

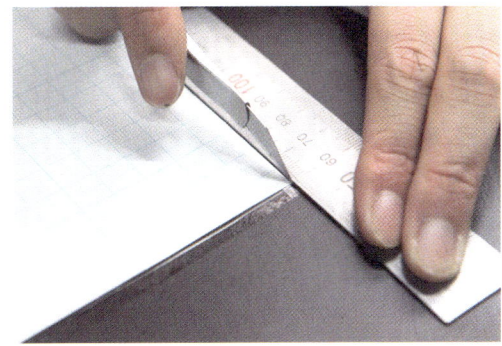

2 도안을 붙이고 재단합니다. (P. 19 참조)

3 재단한 모습입니다.

4 단면에 가죽마감재를 바릅니다.

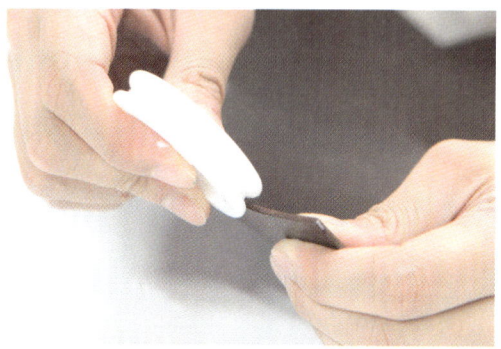

5 적당히 마르면 슬리커로 마감합니다.

6 디바이더로 그리프 라인을 표시합니다. 스티치를 넣을 위치에 따라 디바이더의 폭을 조절하면 되는데 여기서는 1.5mm 간격으로 긋습니다.

7 라인에 따라 그리프로 구멍을 뚫습니다. (P. 18 참조)

8 꺾이는 부분을 손으로 눌러 형태를 잡습니다.

9 네 귀퉁이를 바느질합니다.

10 시작하는 부분은 더블스티치를 해서 내구성을 높여주고 나머지는 러닝스티치를 합니다. (P. 20 참조)

11 돌아오면서 반대 방향으로 러닝스티치하여 남은 땀을 메꿉니다.

12 바느질의 마지막은 옆면을 두번 돌려 묶어 마감합니다.

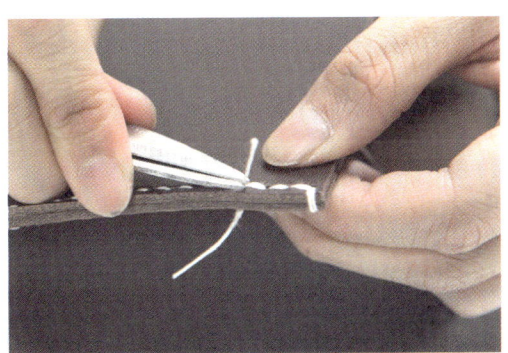

13 남은 실은 짧게 자릅니다.

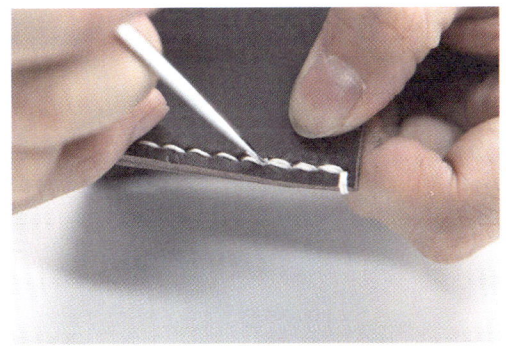

14 송곳 끝에 본드를 바르고 실끝에 묻힙니다. 1~2분 정도 기다렸다가 본드가 약간 마르면 송곳을 이용하여 밀어 넣습니다.

15 파라플루이나 넓은 펜치를 이용해 모서리를 직각으로 잡습니다.

finish

명함 지갑

명함 지갑은 사소하지만 꼭 필요한 아이템입니다.

가죽으로 명함 지갑을 만들어보세요. 튼튼해서 오래 사용할 수 있고 쓸수록 더 멋스러워집니다.

심플한 스타일이라 어떤 소품과도 잘 어울리지요.

how to

준비물	브라운 컬러 소 통가죽, 솔트레지(헤드 5mm), 명함 속지, 리벳(지름 10mm, 길이 7mm), 린넨사(린까블레 532 흰색)
재단하기	여밈끈 : 브라운 컬러 소 통가죽 190×10mm
	몸판 : 브라운 컬러 소 통가죽 160×110mm
만드는 방법	① 여밈끈과 몸판을 재단합니다.
	② 몸판에 크리징 라인을 긋고 그리프로 바늘구멍을 낸 후 새들스티치하고 펀치로 구멍을 뚫습니다.
	③ 여밈끈에 그리프로 바늘구멍을 낸 후 새들스티치하고 펀치로 구멍을 뚫습니다.
	④ 몸판, 속지, 여밈끈을 리벳으로 부착합니다.
	⑤ 여밈끈에 솔트레지를 달아줍니다.
	*부록에 있는 실물 크기의 본을 이용해 재단하세요.
소요시간	2시간
난이도	하

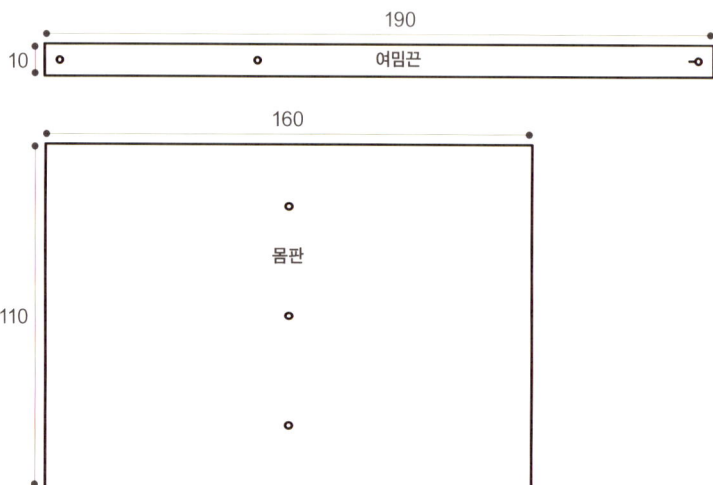

start

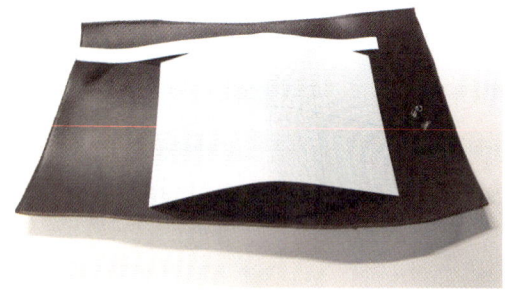

1 도안에 맞게 가죽을 준비합니다.

2 가죽에 도안을 고정시킨 다음 재단합니다. (P. 19 참조)

3 테두리를 따라 크리저로 크리징 라인을 그어줍니다. (P. 18
참조) 🖊 크리저의 온도가 지나치게 높을 경우 가죽이 탈
수 있으니 여분의 같은 가죽에 테스트를 해본 뒤 그어줍니다.

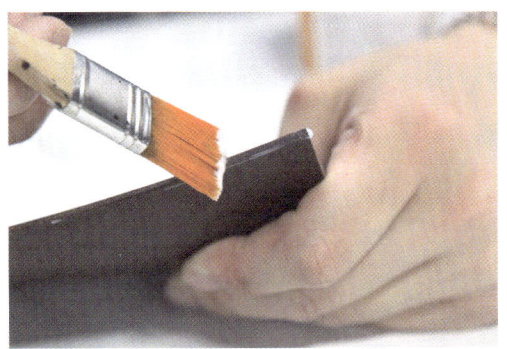

4 재단한 가죽 단면에 가죽 마감재를 붓으로 바릅니다.

5 마감재가 적당히 마르면 슬리커로 마감합니다.

6 미리 표시해둔 라인에 따라 그리프로 구멍을 뚫습니다.
(P. 18 참조)

7 새들스티치를 합니다. (P. 22~23 참조)

8 남은 실을 짧게 자르고 마감합니다.

9 도안을 대고 몸판에 리벳 부착할 부분을 표시합니다.

10 표시된 부분을 2mm 펀치로 뚫습니다.

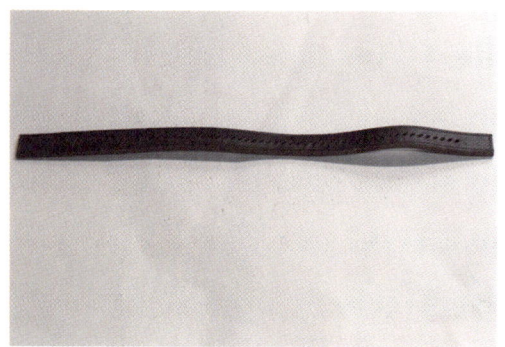

11 여밈끈의 가운데를 그리프로 구멍 뚫은 후에 새들스티치를 합니다.

12 도안에 맞춰 2mm 펀치로 구멍을 뚫습니다.

13 끝에서 5mm 안쪽으로 솔트레지를 부착할 구멍을 뚫습니다.

14 반대편 끝에도 5mm 안쪽에 솔트레지 넣는 구멍을 날펀치를 이용해 뚫습니다.

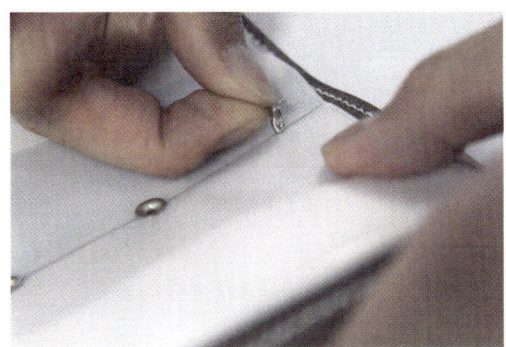

15 명함 속지를 넣고 리벳을 넣습니다.

16 리벳의 크기에 맞는 틀에 반대쪽 리벳을 넣습니다.

17 망치로 두들겨 리벳을 부착합니다.

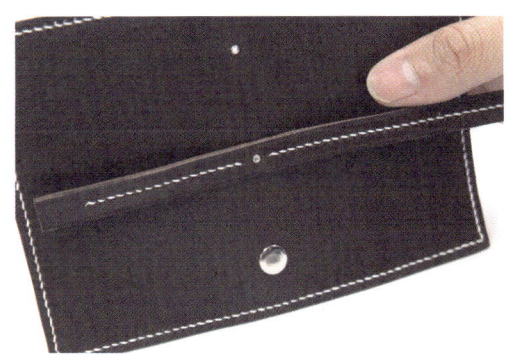

18 가운데 리벳은 여밈끈을 함께 부착합니다.

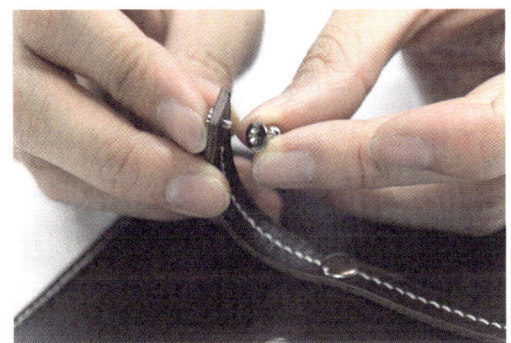

19 마지막으로 솔트레지를 결합합니다.

finish

chapter 2

조금 쉬운 가죽 공예

가죽을 다루는데 조금 익숙해졌다면 이제 더 재미있는 작품을 만들어 볼까요?
바느질도 많고, 조금 난이도가 높지만 그만큼 더 큰 기쁨을 맛볼 수 있답니다.
연필꽂이, 벨트, 지갑, 휴대폰 파우치, 북 커버…….
한나절만 투자하면 두고두고 쓸 수 있는 나만의 가죽 소품을 만들 수 있어요.

꽃 모양 머리끈

꽃잎을 한 장 한 장 정성스럽게 새들스티치로 바느질한 후 하나로 모으면 풍성한 꽃이 됩니다.
염소 가죽으로 꽃 모양 머리끈을 만들어보세요. 계절에 관계없이 패션 소품으로 활용할 수 있습니다.
꽃잎의 안쪽에 철사가 들어있어 꽃 모양을 만들 수 있지요.

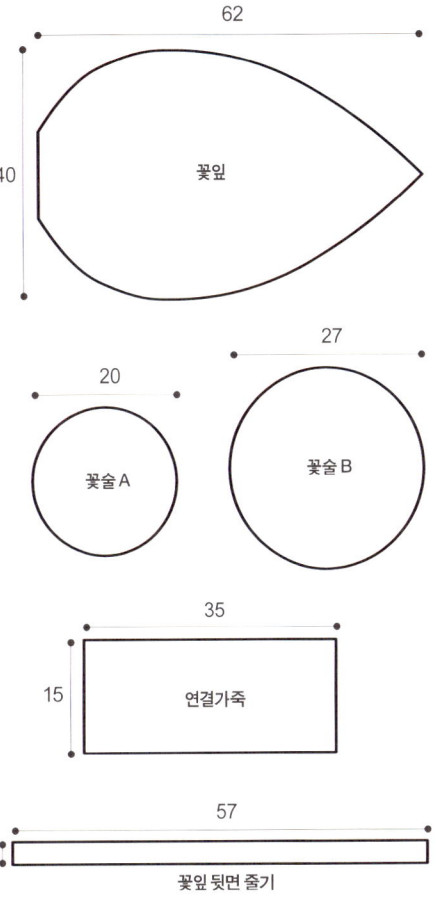

how to

준비물	인디핑크 컬러 염소가죽, 그레이 컬러 염소가죽, 철사, 머리끈용 고무밴드, 원형장식, 린넨사(린까블레 532 검정색)
재단하기	꽃잎 : 인디핑크 컬러 염소가죽 62×40mm 꽃잎 모양 5장
	꽃술A : 인디핑크 컬러 염소가죽 지름 20mm 원
	꽃술B : 그레이 컬러 염소가죽 지름 27mm 원
	연결가죽 : 그레이 컬러 염소가죽 35×15mm
	꽃잎 뒷면 줄기 : 인디핑크 컬러 염소가죽 57×5mm 5장
만드는 방법	① 꽃잎, 꽃술, 연결가죽을 재단합니다.
	② 꽃잎에 그리프로 바늘구멍을 내고 새들스티치합니다.
	③ 꽃잎 뒷면에 철사를 붙입니다.
	④ 꽃잎, 꽃술, 원형장식을 부착합니다.
	⑤ 꽃과 머리끈용 고무밴드를 연결합니다.
	*부록에 있는 실물 크기의 본을 이용해 재단하세요.
소요시간	3시간
난이도	중

62

40

꽃잎

20

꽃술 A

27

꽃술 B

35

15

연결가죽

57

5

꽃잎 뒷면 줄기

start

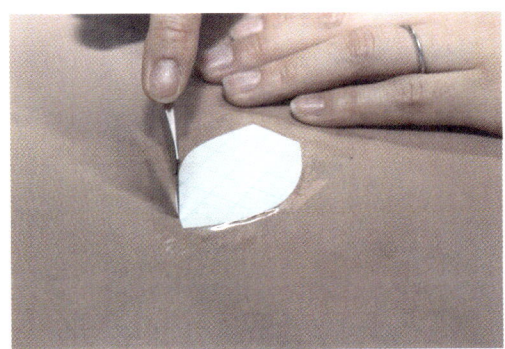

1 도안을 가죽 위에 테이프로 고정한 후 자릅니다. 도안을 기본으로 하되 크기나 형태에 변화를 주어 다양한 꽃잎 모양으로 자릅니다.

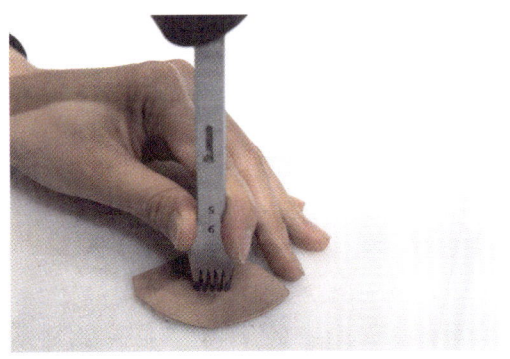

2 꽃잎의 가장 자리와 가운데 줄기 부분에 그리프로 구멍을 뚫습니다. (P. 18 참조)

3 꽃잎에 그리프를 친 모습입니다.

4 그리프 모양에 맞춰 새들스티치를 합니다. (P. 22~23 참조)

5 남은 실은 쪽가위로 잘라 줍니다.

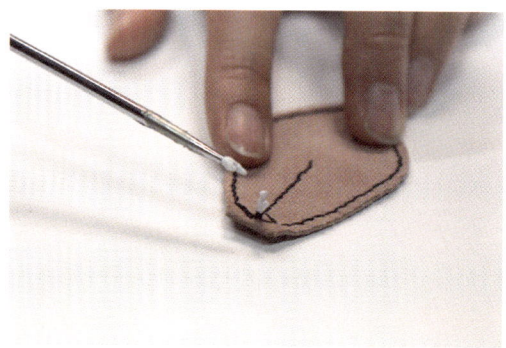

6 송곳 끝에 본드를 바르고 실끝에 묻힙니다. 1~2분 정도 기다렸다가 본드가 약간 마르면 송곳을 이용하여 밀어 넣습니다.

7 망치로 실을 두들겨 스티치가 더욱 선명하게 보이도록 합니다.

8 5장의 꽃잎이 완성된 모습입니다.

9 꽃잎의 뒷면에 줄기모양에 맞춰 철사를 본드로 붙인 뒤 철사가 보이지 않도록 가죽으로 덮습니다. 🖐 가죽에 금속을 붙일 때는 고무 본드를 사용합니다.

10 완성된 모습입니다.

11 5장의 꽃잎 뒷면을 모두 덮어 주었습니다.

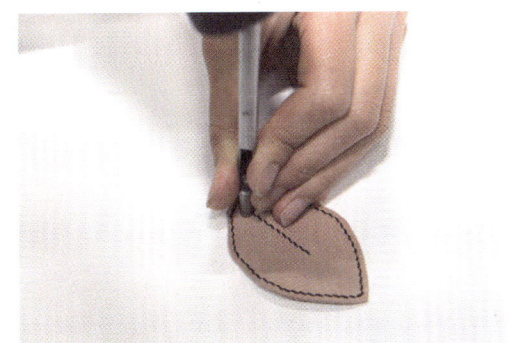

12 5장의 꽃잎을 하나로 모으기 위해 꽃잎의 아래쪽에 3mm 펀치로 구멍을 뚫습니다.

13 꽃잎들의 가운데 오게 될 꽃술용 가죽 중앙에도 3mm 펀치로 구멍을 뚫습니다.

14 12,13번에서 준비해 두었던 꽃잎과 꽃술용 가죽 2장을 사진과 같이 조립합니다.

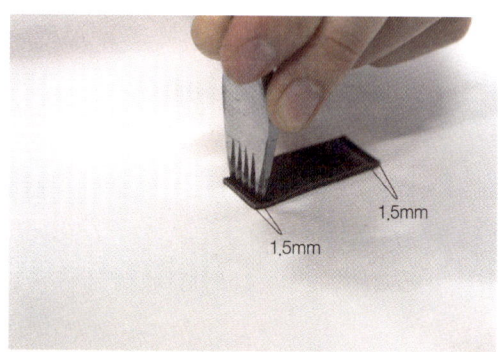

15 꽃과 머리끈을 연결시켜 줄 가죽을 가로 3.5cm 세로 1.5cm로 잘라 준비한 뒤 양쪽 끝에 그리프를 칩니다.

1.5mm
1.5mm

16 준비해 둔 가죽을 꽃잎과 함께 장착합니다.

17 16번에서 만들어놓은 꽃의 연결부분에 머리끈을 넣고 크로스스티치를 합니다. (P. 20~21 참조)

finish

꽃잎의 안쪽에 넣은 철사를 구부려 형태를 조절할 수 있습니다.

심플 스타일 팔찌

한 땀 한 땀 정성스럽게 바느질해서 가죽 팔찌를 만들어 보세요.

단정하고 심플한 스타일의 팔찌로 정장 스타일의 옷차림에도 캐주얼한 스타일의 옷차림에도 잘 어울립니다.

고리 장식을 달아 착용하기도 편리해요.

how to

준비물	검정색 양가죽, 장금장식, 린넨사(린까블레 532 노란겨자색)
재단하기	앞면 : 검정색 양가죽 370×30mm • 뒷면 : 검정색 양가죽 370×30mm
만드는 방법	① 도안보다 사방 1cm 정도 여분을 두고 앞면과 뒷면을 재단합니다.
	② 앞면과 뒷면을 본드로 붙인 후에 도안을 대고 재단합니다.
	③ 크리징 라인 긋고 단면을 마감합니다.
	④ 가죽의 양 끝을 피할하여 장금장식을 부착합니다.
	⑤ 그리프로 바늘구멍을 내어 새들스티치합니다.

＊부록에 있는 실물 크기의 본을 이용해 재단하세요.
＊앞면과 뒷면은 구분이 없으며, 손목 굵기를 감안해 도안의 길이를 조절하세요.

소요시간	3시간
난이도	중

350

10

앞면 · 뒷면

start

1 앞면과 뒷면 가죽을 도안보다 크게 준비합니다.

2 앞면과 뒷면에 본드를 얇게 펴바릅니다.

3 주름이 생기지 않도록 겉감과 안감을 잘 붙여줍니다.

4 앞면과 뒷면이 떨어지지 않도록 롤러로 잘 문지릅니다.

5 본드가 다 마르면 도안을 고정시킨 후에 재단합니다.
(P. 19 참조)

6 가죽의 테두리를 따라 크리징 라인을 긋습니다. (P. 18 참조) ✐ 크리저의 온도가 지나치게 높을 경우 가죽이 탈 수 있으니 여분의 같은 가죽에 테스트 해본 뒤 긋습니다.

7 엣지코트를 바른 뒤 5분 정도 지나 완전히 마르면 같은 방법으로 2~3번 덧칠합니다. ✐ 엣지코트는 얇게 펴바릅니다. 면봉, 이쑤시개, 붓, 전용도구 등 다양한 도구 중 편리한 도구를 선택하면 됩니다.

8 엣지코트가 완전히 마른 뒤 밀납을 녹여 바릅니다. (P. 19 참조) ✐ 흐르거나 뭉칠 수 있으니 밀납은 적당량을 사용하세요. 밀납 마감은 접합면을 단단히 붙여주고, 방수 기능이 있으며 변색을 방지합니다.

9 가죽의 양 끝부분을 2cm가량 칼로 피합니다. ✐ 칼날이 날카로우므로 가죽이 전부 잘릴 수 있기 때문에 쇠자를 옆에 대고 피할해줍니다.

10 스키버를 이용해 옆라인을 깔끔하게 정리합니다. ✐ 칼로 피할하면 옆라인이 깔끔하지 않을 수 있습니다.

11 피할을 마친 옆 모습입니다.

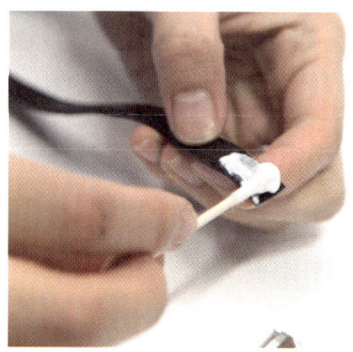

12 피할을 한 부분에 본드를 바릅니다.

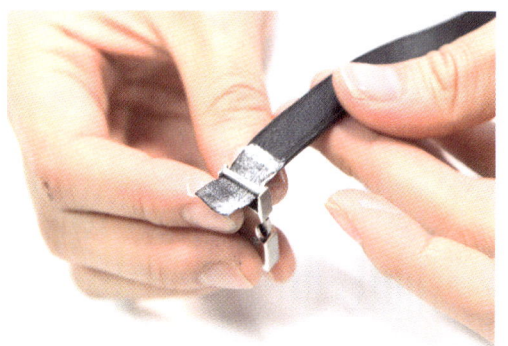

13 본드를 바른 뒤, 사진처럼 잠금장식의 고리를 중앙에 위치시킨 후 붙입니다.

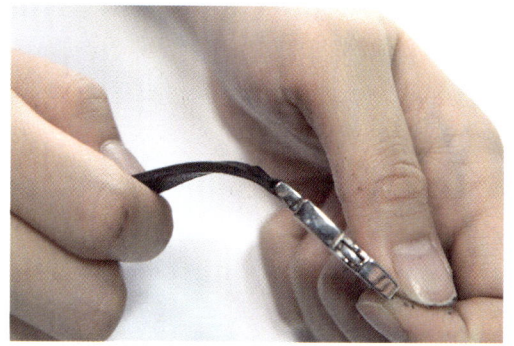

14 잠금장식을 부착한 옆 모습입니다.

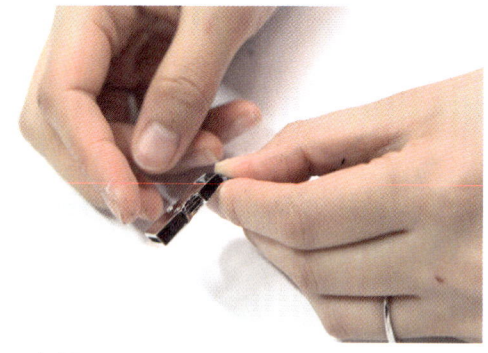

15 반대쪽도 9-14번까지의 과정을 통해 잠금장식을 부착합니다.

16 팔찌를 앞면으로 돌린 뒤 그리프를 중앙에 놓고 구멍을 뚫습니다. (P. 18 참조)

17 새들스티치를 하는데 바느질을 시작하는 세 땀은 더블스티치를 합니다. (P. 22~23 참조)

18 스티치를 모두 마친 뒤 남은 실을 쪽가위로 자릅니다.

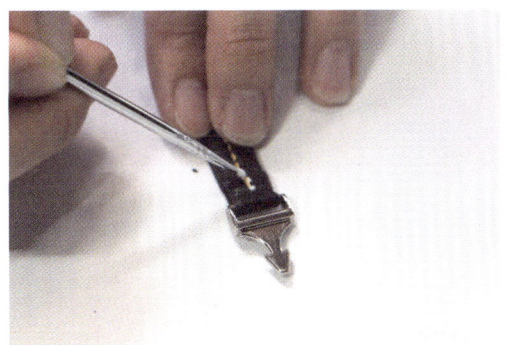

19 송곳 끝에 본드를 바르고 실끝에 묻힙니다. 잠시 기다렸다가 본드가 약간 마르면 송곳을 이용하여 밀어 넣습니다.

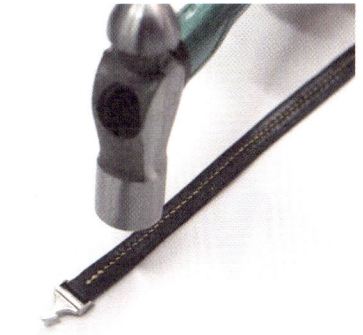

20 실을 망치로 두들겨 스티치가 더욱 선명하게 보이도록 합니다.

finish

강아지 목걸이

흔하디흔한 나일론 강아지 목걸이는 이제 그만!
가죽목걸이 하나만 살짝 걸쳤을 뿐인데 강아지의 분위기가 세련되게 달라집니다.
강아지에게 개성있고 패셔너블한 목걸이를 직접 만들어주는 건 어떨까요?

how to

준비물	브라운 컬러 소 통가죽, D링, 파이프 버클, 피라미드 장식 5세트, 흰색 초사(4합)
재단하기	목줄 : 브라운 컬러 소 통가죽 315×15mm
	스트랩 : 브라운 컬러 소 통가죽 60×7mm
만드는 방법	① 도안대로 목줄과 스트랩을 재단합니다.
	② 목줄에 펀칭한 후 크리징 라인을 긋고 그리프로 바늘구멍을 냅니다.
	③ 버클과 D링을 달아줍니다.
	④ 스트랩을 만들어 D링 옆에 고정시킵니다.
	⑤ 피라미드 장식을 부착합니다.
	＊부록에 있는 실물 크기의 본을 이용해 재단하세요.
	＊강아지 목 굵기를 측정해서 도안의 길이를 조절하세요.
소요시간	2시간
난이도	

스트랩   7   60

목줄   15   315

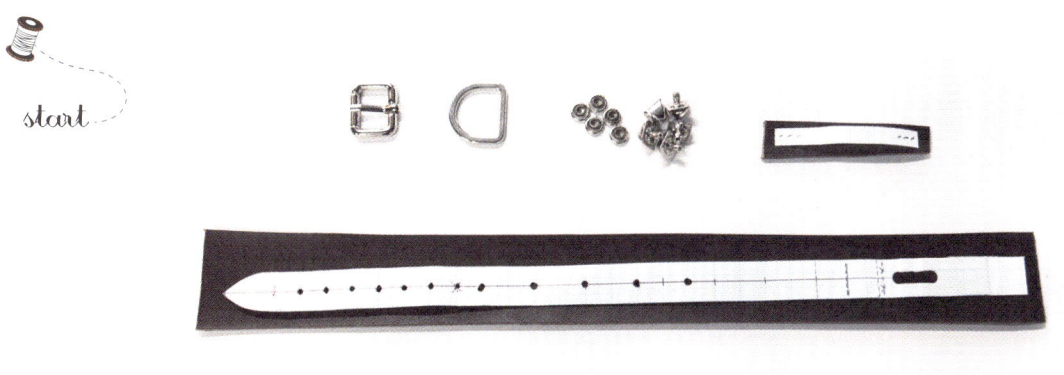

1 도안, 통가죽, 필요한 장식을 준비합니다.

2 통가죽 위에 도안을 테이프로 고정한 뒤, 펀치로 피라미드 장식을 달 위치를 표시합니다.

3 도안대로 가죽을 재단합니다. (P. 19 참조)

4 재단한 모습입니다.

5 펀치 자국에 맞춰 구멍을 뚫습니다.

6 테두리를 따라 크리징 라인을 그립니다. (P. 18 참조) 🖊 크리저의 온도가 지나치게 높을 경우 가죽이 탈 수 있으니 여분의 같은 가죽에 테스트 해본 뒤 긋습니다.

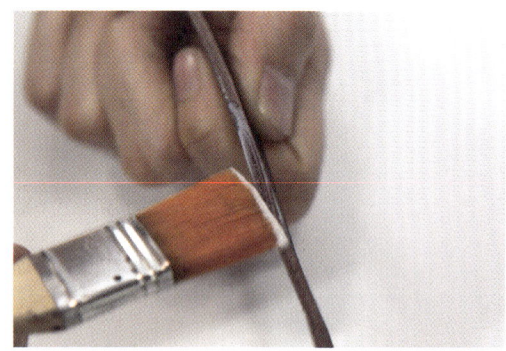

7 붓으로 옆 단면에 가죽마감재를 발라 줍니다.

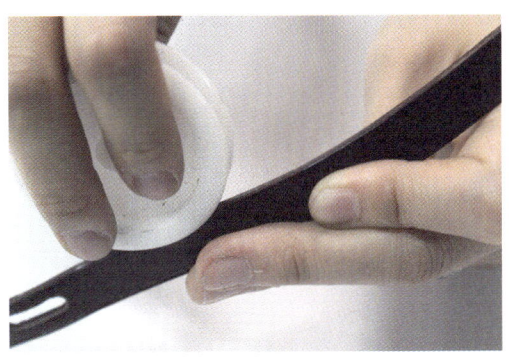

8 1분 정도 지나 가죽마감재가 어느 정도 마르면 슬리커를 이용해 문지릅니다.

9 미리 뚫어놓은 구멍에 파이프 버클을 사진과 같이 끼워 넣습니다.

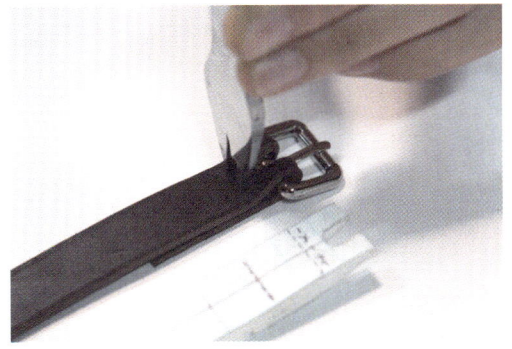

10 도안에 표시해 둔 라인을 따라 그리프를 칩니다. (P. 18 참조)

11 그리프를 친 모습입니다.

12 버클이 고정되도록 왕복 러닝스티치를 합니다.

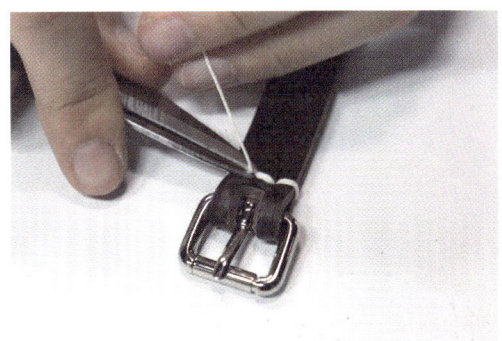

13 세 땀 모두 더블스티치로 튼튼하게 고정한 뒤, 쪽가위로 실을 짧게 자릅니다.

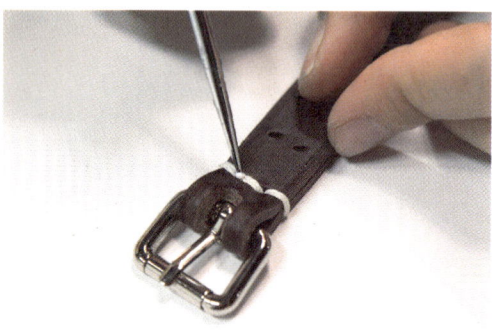

14 본드를 바른 뒤 송곳으로 눌러 마무리합니다.

15 D링을 사진과 같이 넣습니다.

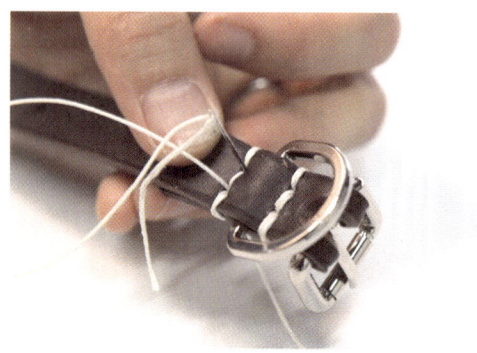

16 12번과 마찬가지로 세 땀 모두 러닝스티치 후 더블스티치합니다.

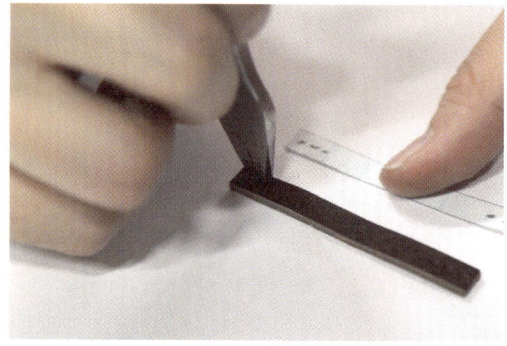

17 목줄 끝을 고정시킬 가죽 스트랩의 양 끝에 2날 그리프를 칩니다.

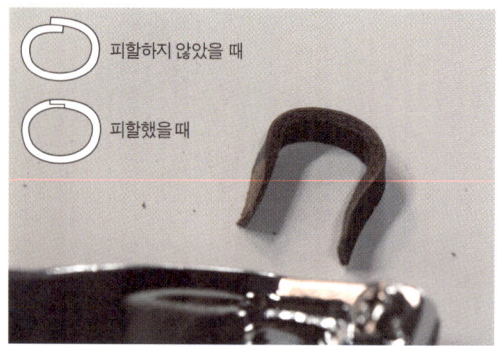

18 그리프를 친 부분만 스키버를 이용하여 사진과 같이 피할합니다. ✏ 피할이란 가죽의 면을 깎아내는 것을 말합니다. 접히거나 꺾이는 부분은 얇게 피할해야 층 없이 면이 자연스럽게 돌아갑니다.

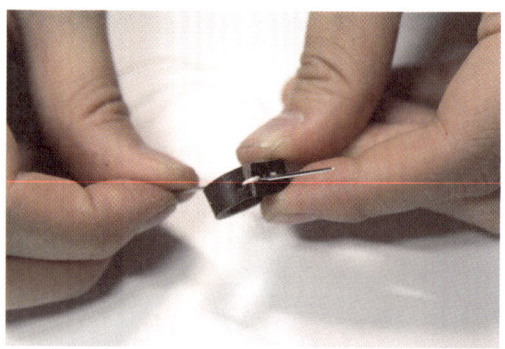

19 그리프 친 곳을 맞춰 바느질한 뒤 마감합니다.

20 19번에서 완성한 스트랩을 D링 옆에 끼워 넣습니다.

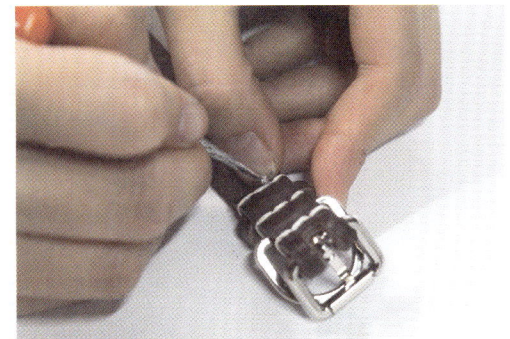

21 12번과 마찬가지로 세 땀 모두 더블스티치 한 뒤 마감합니다.

22 피라미드 장식의 숫놈을 미리 뚫어 놓은 구멍에 끼워 넣습니다.

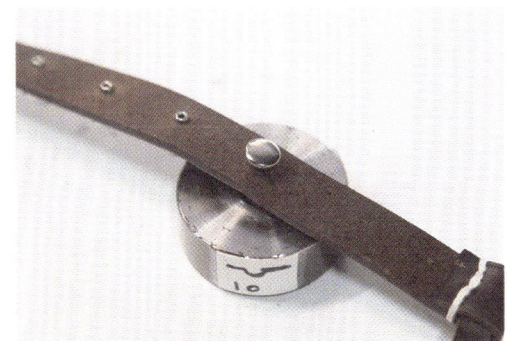

23 부착용 쇠판을 받칩니다.

24 리벳 세터를 망치로 칩니다. ✎ 리벳 세터는 리벳의 암놈도 모양이 동그랗게 유지될 수 있도록 도와주는 공구입니다.

finish

연필꽂이

책상 위에서 이리저리 굴러다니는 펜들을 연필꽂이에 깔끔하게 정리해보세요.
시간이 지나면서 자연스럽게 태닝이 되는 생지를 이용해서 만든 연필꽂이는
깔끔한 인테리어 소품으로도 활용할 수 있습니다.

how to

준비물	내추럴 소 통가죽(생지), 갈색 초사(4합), 토코놀 가죽 단면 마감재
재단하기	몸판 : 내추럴 소 통가죽(생지) 314×100mm
	바닥 : 내추럴 소 통가죽(생지) 지름 100mm
만드는 방법	① 몸판과 바닥을 재단합니다.
	② 그리프 라인을 긋고 그리프로 바늘구멍을 냅니다.
	③ 크로스스티치합니다.

＊부록에 있는 실물 크기의 본을 이용해 재단하세요.
＊내추럴 소 통가죽을 생지라고 합니다. 소 통가죽에 염색을 하지 않은 가죽으로 시간이 흐르면서
　자연스럽게 태닝되어 점점 갈색으로 변합니다.

소요시간	1시간 30분
난이도	중

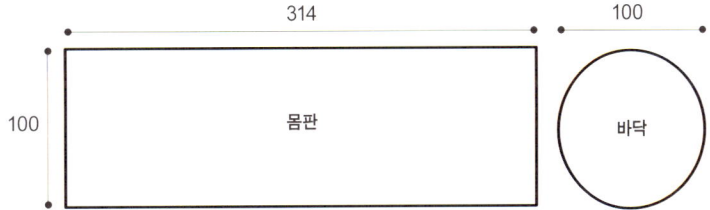

start

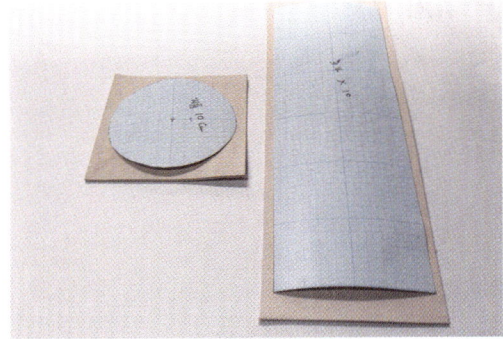

1 도안에 맞게 가죽을 준비합니다.

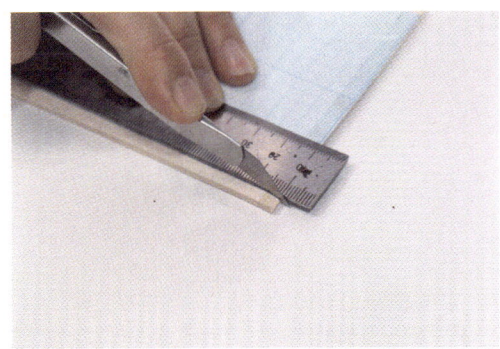

2 가죽에 테이프로 도안을 고정한 뒤 칼로 재단합니다.
(P. 19 참조)

3 재단한 뒤 사포로 모서리 부분을 깔끔하게 다듬습니다.

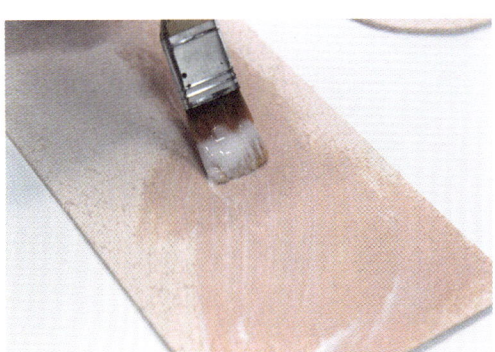

4 뒷면에 가죽 단면 마감재를 바릅니다.

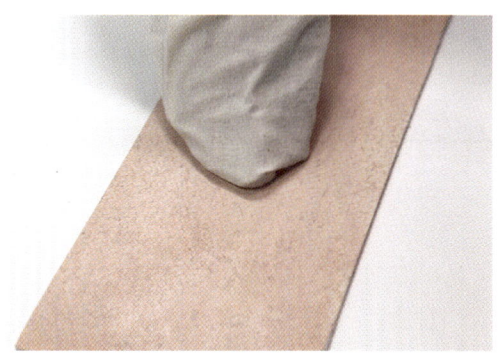

5 1분 정도 기다려 적당히 마르면 마감재가 가죽 단면에 잘 스며들게 하기 위해 천으로 문지릅니다.

6 모서리 또한 같은 방법으로 마감합니다.

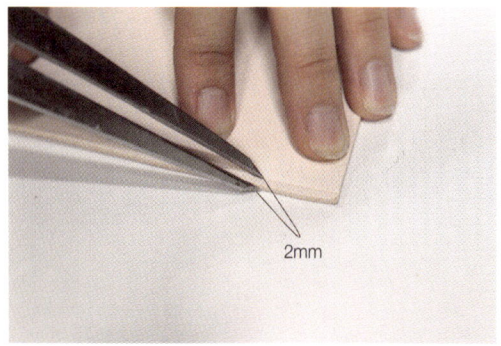

2mm

7 2mm 안쪽에 디바이더로 그리프 라인을 표시합니다.
✐ 스티치를 넣을 위치에 맞춰 디바이더의 폭을 조절합니다.

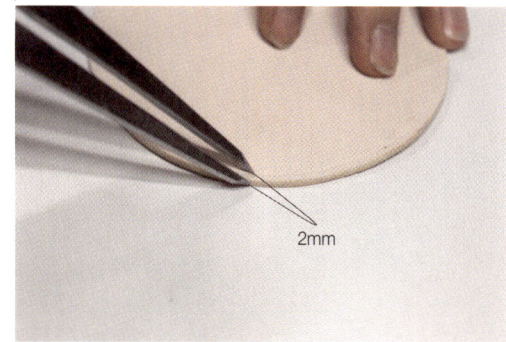

2mm

8 밑받침에도 그리프 라인을 그립니다.

9 라인에 맞춰 그리프를 칩니다. (P. 18 참조)

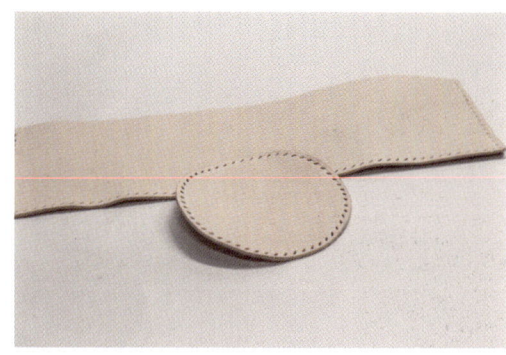

10 옆판과 밑판에 그리프를 친 모습입니다.

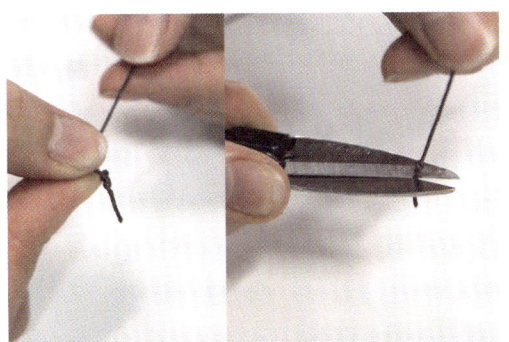

11 실을 매듭 지은 다음 매듭 끝을 짧게 자릅니다.

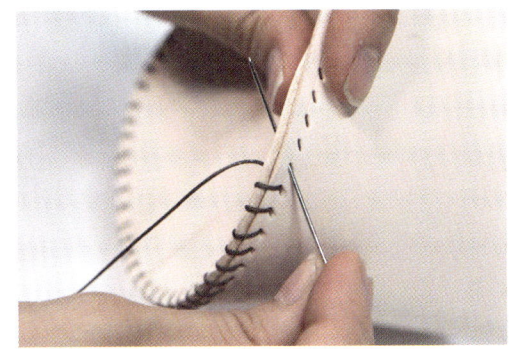

12 연필꽂이의 밑판을 먼저 크로스스티치합니다.
(P. 20~21 참조)

13 옆판이 만나게 되는 부분에는 ㅡ자로 한번 마감한 후 옆판을 크로스스티치합니다.

ㅡ자마감

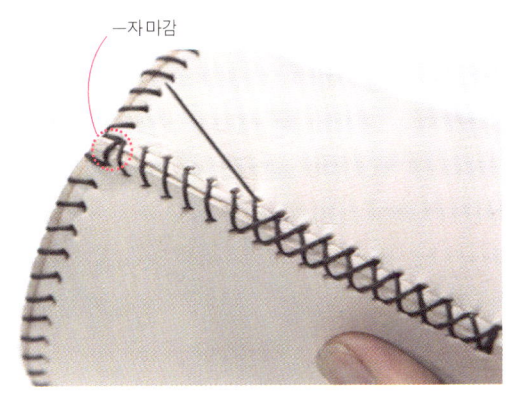

14 옆판에서 크로스스티치로 내려오는 모습입니다.

15 밑판까지 크로스스티치를 마친 후 실을 자르고 송곳 끝에 본드를 발라 실끝에 묻힙니다. 1~2분 정도 기다렸다가 본드가 약간 마르면 송곳을 이용해 밀어넣어 깔끔하게 마담합니다.

finish

허리 벨트

허리를 더욱 잘록하게 보여주는 하이웨이스트 스타일 허리 벨트!
세상에 단 하나뿐인 내가 직접 만든 벨트로 베스트 드레서에 도전해 보세요!
각자의 취향에 맞게 여러 가지 다른 장식들을 달면 더욱 개성있는 벨트를 만들 수 있습니다.

how to

준비물	검정색 양가죽, 피라미드 장식 12세트, 바깥지름 15mm 아일렛 6세트, 벨트고리,
	고무밴드 폭 8cm×28cm(본인 허리 사이즈), 린넨사(린 까블레 532 검정색)
재단하기	겉감 : 검정색 양가죽 160×100mm 오른쪽, 왼쪽 각 1매
	안감 : 검정색 양가죽 160×100mm 오른쪽, 왼쪽 각 1매
만드는 방법	① 겉감의 오른쪽·왼쪽과 안감의 오른쪽·왼쪽 각 1매씩 총 4장을 재단합니다.
	② 겉감의 오른쪽·왼쪽의 끝과 고무밴드의 양 끝을 본드로 붙입니다
	③ 안감의 오른쪽·왼쪽의 끝과 고무밴드의 양 끝을 본드로 붙입니다
	⑤ 그리프로 바늘구멍을 내어 새들스티치합니다. .
	⑥ 겉감과 안감을 본드로 붙이고 단면을 마감합니다.
	⑦ 벨트고리를 달고 아일렛과 피라미드 장식을 달아줍니다.
	＊부록에 있는 실물 크기의 본을 이용해 재단하세요.
소요시간	4〜5시간
난이도	중

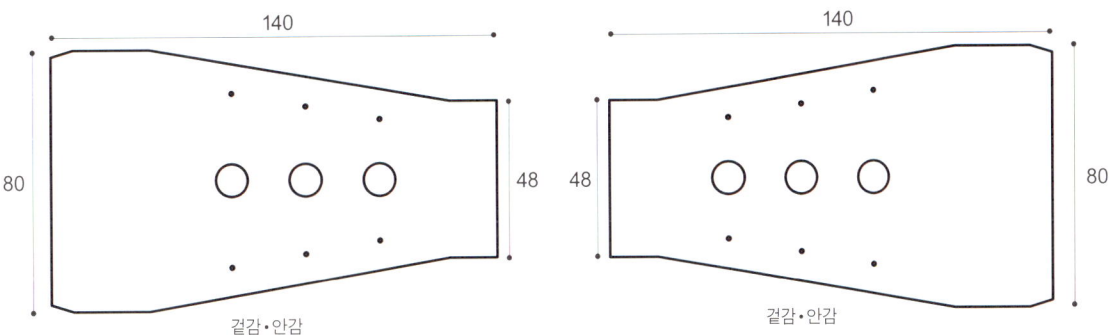

start

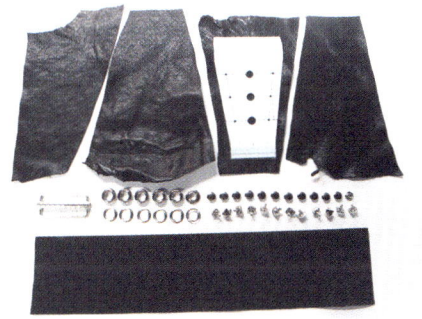

1 겉감과 안감, 고무밴드와 각종 금속 장식을 준비합니다.

2 도안을 테이프로 고정시킨 후 재단합니다. (P. 19 참조)

3 재단해 둔 겉감 가죽의 넓은 면에서 4cm 지점에 마스킹 테이프를 붙인 뒤 본드를 바릅니다.

4 안감 가죽에도 같은 방법으로 본드를 발라준 뒤 마스킹 테이프를 떼어 냅니다.

5 위의 사진처럼 도안을 옆에 두고 위치에 맞춰 본드 바른 부분을 반으로 접어 붙입니다.

6 단단히 붙도록 롤러로 문질러 줍니다.

7 겉감과 고무밴드를 접합할 부분에 고무본드를 바를 준비를 합니다. 우선 끝에서 1cm 남겨두고 마스킹 테이프를 붙이고 본드 바를 자리 5mm를 제외한 곳에 마스킹 테이프를 붙입니다.

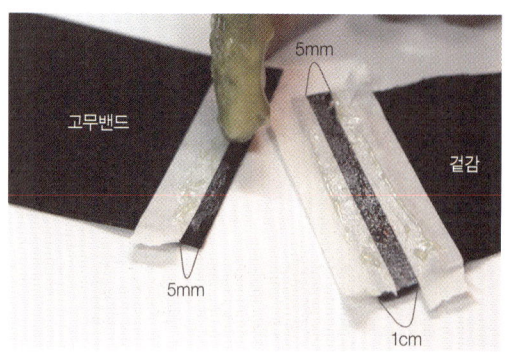

8 고무밴드는 끝에서 5mm 지점에 마스킹 테이프를 붙인 뒤 모두 고무본드를 바릅니다.

9 본드를 바른 다음 마스킹 테이프를 뗍니다. ✒ 마스킹 테이프를 바로 떼어내지 않으면 본드가 말라, 테이프와 같이 떨어질 수 있으므로 최대한 빨리 뗍니다.

10 본드를 바른 겉감과 고무밴드를 서로 붙입니다.

11 안감은 8번과 마찬가지로 끝에서 5mm 지점에 마스킹 테이프를 붙인 뒤 본드를 바릅니다.

12 마스킹 테이프를 떼낸 후 부착합니다.

6mm

13 본드가 모두 마른 뒤 그리프를 칩니다. (P. 18 참조)

14 밴드와 가죽의 접합면을 새들스티치합니다. (P. 22~23 참조)

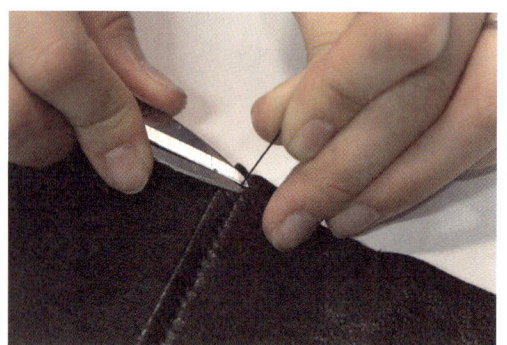

15 세들스티치를 마친 뒤 실을 자릅니다.

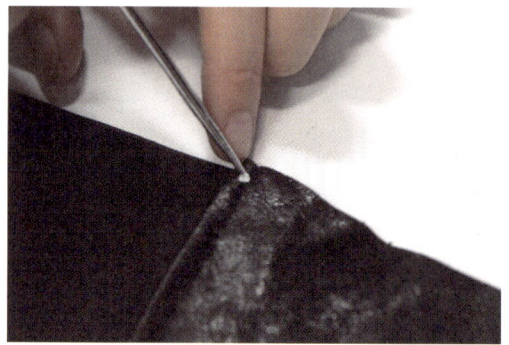

16 송곳 끝에 본드를 바르고 실끝에 묻힙니다. 1~2분 정도 기다렸다가 본드가 약간 마르면 송곳을 이용하여 밀어 넣습니다.

17 가죽의 겉감과 안감을 펼쳐서 면 전체에 본드를 바릅니다.

18 양면을 모두 본드칠 한 후 모양을 맞춰 잘 붙입니다.

19 손가락으로 누르면서 붙입니다.

20 가죽이 떨어지지 않도록 롤러로 문지릅니다.

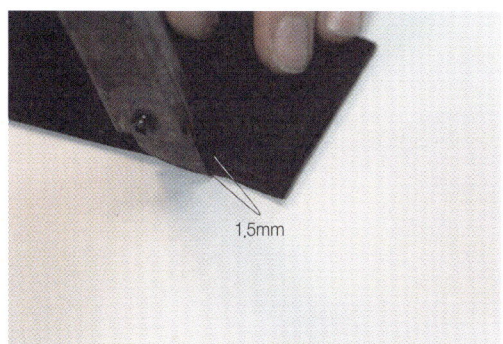

21 본드가 마른 뒤 크리저 1.5mm 안쪽에 크리징 라인을 긋습니다. 🖋크리저의 온도가 지나치게 높을 경우, 가죽이 탈 수 있으니 같은 가죽에 테스트를 해본 뒤 긋습니다.

22 엣지코트를 바른 뒤 5분 정도 지나 완전히 마르면 같은 방법으로 2~3번 덧칠합니다. 🖋엣지코트는 얇게 펴바릅니다. 면봉, 이쑤시개, 붓, 전용도구 등 다양한 도구 중 편리한 도구를 선택하면 됩니다.

23 엣지코트가 완전히 마른 뒤 밀납을 녹여 바릅니다. (P. 19 참조) 🖋흐르거나 뭉칠 수 있으니 밀납은 적당량을 사용하세요. 밀납 마감은 접합면을 단단히 붙여주고, 방수 기능이 있으며 변색을 방지합니다.

24 크리징 라인을 따라 그리프를 칩니다. (P. 18 참조)

25 벨트 고리를 끼워 넣은 뒤 그리프를 칩니다.

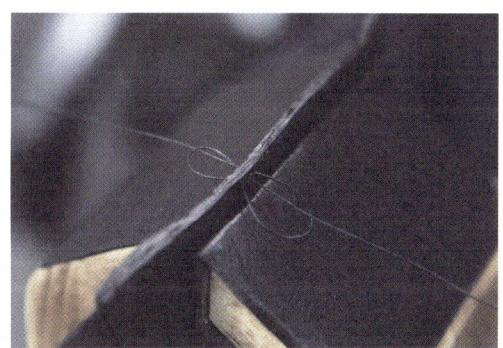

26 그리프를 친 부분 중 벨트 고리를 장착할 부분을 제외한 나머지 위와 아래부분만 새들스티치합니다.

27 가죽 위에 도안을 고정한 다음, 크기에 맞는 8mm 펀치로 자국을 냅니다.

28 펀치 자국을 낸 모습입니다.

29 펀치 자국에 맞춰 구멍을 뚫습니다.

30 아일렛 세터를 이용하여 아일렛을 장착합니다.

30-1

30-2

30-3

31 피라미드 리벳 숫놈용 쇠판과 암놈 리벳 세터를 이용하여 피라미드 리벳을 장착합니다.

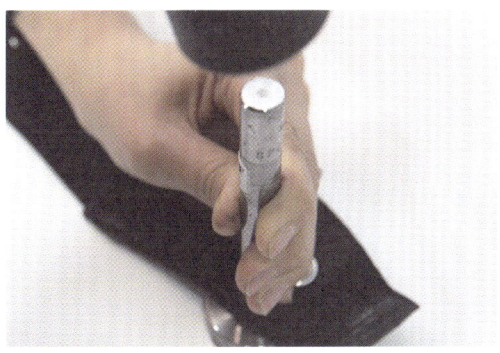

31-1

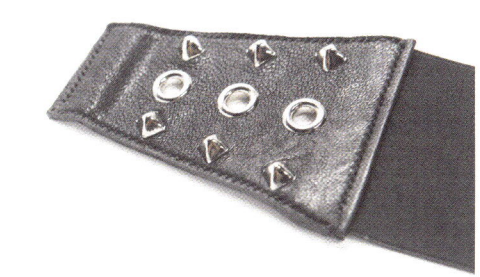

32 아일렛과 피라미드 리벳을 모두 붙인 모습입니다.

33 25번에서 미리 쳐 놓은 그리프 라인을 따라 러닝스티치로 왕복 바느질한 뒤 마감합니다. (P. 20 참조) 나머지 한 쪽도 똑같은 방법으로 만들어 줍니다.

finish

카드 지갑

갈수록 늘어가는 카드에 지갑이 자꾸만 무거워집니다.

카드만 따로 가지고 다닐 수 있는 지갑을 만들어 보세요. 가벼운 외출에 편리하게 사용할 수 있습니다.

심플한 디자인이라 누구에게나 잘 어울리지요.

how to

준비물　네이비 컬러 소가죽, 하늘색 돈피 스웨이드,
　　　　린넨사(린까블레 532 흰색)

재단하기　겉감 : 네이비 컬러 소가죽 120×250mm
　　　　안감 : 하늘색 돈피 스웨이드 120×250mm

만드는 방법
① 앞면, 가운데면, 뒷면 도안을 합한 사이즈보다 넉넉히
　여분을 두고 준비한 안감을 붙입니다.
② 앞면, 가운데면, 뒷면을 재단합니다.
③ 크리징 라인 긋고 피할한 뒤 단면을 마감합니다.
④ 앞면, 가운데면, 뒷면을 붙이고 그리프로 바늘구멍을
　내어 새들스티치합니다.
＊부록에 있는 실물 크기의 본을 이용해 재단하세요.

소요시간　3시간
난이도　중

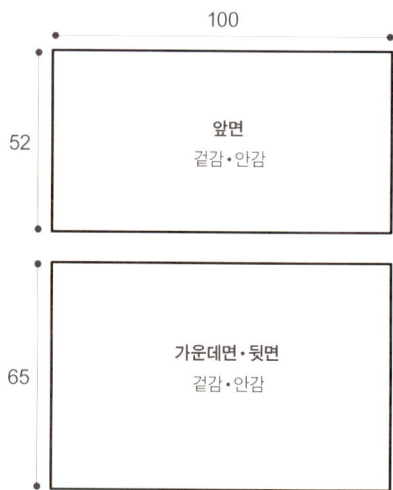

앞면
겉감·안감
100 / 52

가운데면·뒷면
겉감·안감
65

start

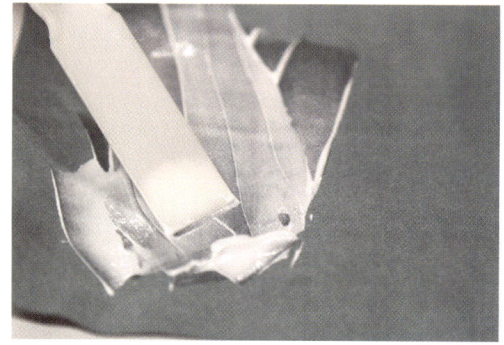

1 앞면, 가운데면, 뒷면 도안을 합한 사이즈보다 넉넉히 여분을 두고 겉감과 안감에 본드를 얇게 펴바릅니다.

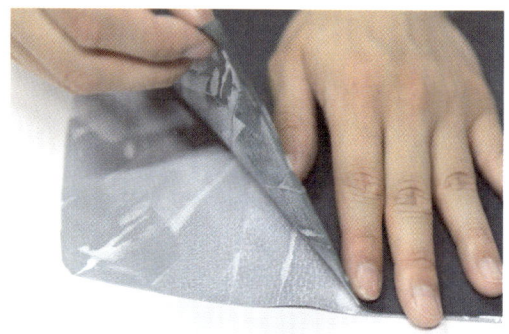

2 두 장을 구김이 생기지 않도록 잘 붙입니다.

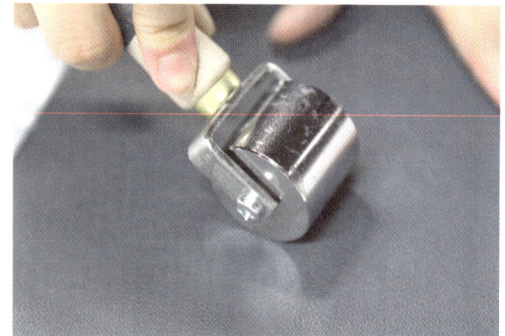

3 롤러를 이용하여 가죽을 고르게 눌러줍니다.

4 가죽에 도안을 고정시키고 앞면, 가운데면, 뒷면을 재단합니다. (P. 19 참조)

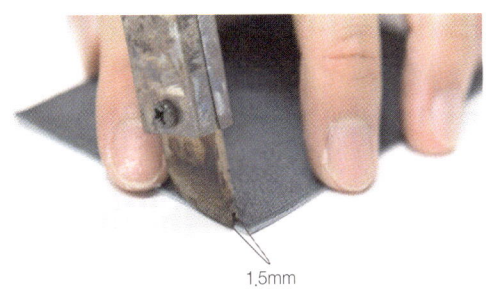

11,5mm

1,5mm

5 크리저를 이용하여 크리징 라인을 넣습니다. 크리저의 온도가 지나치게 높을 경우, 가죽이 탈 수 있으니 같은 가죽에 테스트를 해본 뒤 긋습니다.

6 도안에 맞게 잘라낸 세 장의 가죽 모두 'ㄷ' 자 형태가 되도록 얇게 가죽의 두께를 벗겨 냅니다. 이를 피할이라고 합니다. 벗겨내지 않은 부분은 카드가 들어가는 입구가 됩니다. 피할 도구나 기계가 없을때 칼로도 할 수 있습니다.

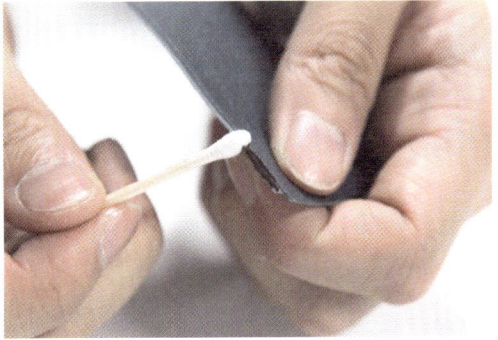

7 입구의 단면을 사포로 다듬습니다.

8 엣지코트를 바른 뒤 5분 정도 지나 완전히 마르면 같은 방법으로 2~3번 덧칠합니다. 엣지코트는 얇게 펴바릅니다. 면봉, 이쑤시개, 붓, 전용도구 등 다양한 도구 중 편리한 도구를 선택하면 됩니다.

9 엣지코트가 완전히 마른 뒤 밀납을 녹여 바릅니다. (P. 19 참조) 흐르거나 뭉칠 수 있으니 밀납은 적당량을 사용하세요. 밀납 마감은 접합면을 단단히 붙여주고, 방수 기능이 있으며 변색을 방지합니다.

10 내피를 잘라낸 부분 안쪽으로 마스킹 테이프를 붙입니다.

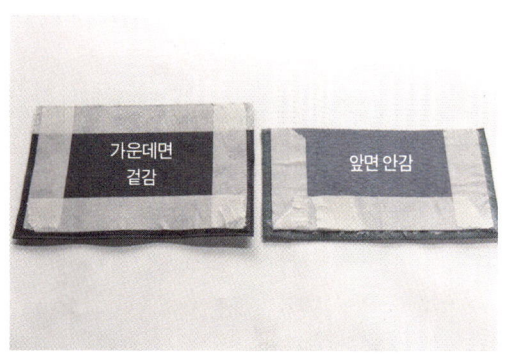

11 가운데면 겉감과 앞면 안감에 사진과 같은 형태로 마스킹 테이프를 붙입니다. ✏️ 가운데면 윗부분의 마스킹 테이프는 앞면의 높이에 맞추어 붙입니다.

12 마스킹 테이프를 붙여 놓은 바깥면을 사포를 이용하여 살짝 벗깁니다.

13 마스킹 해놓은 바깥면에 모두 본드를 얇게 펴 바릅니다.

14 붙이기 전에 마스킹 테이프를 모두 제거합니다.

15 세 장의 가죽을 잘 겹쳐 붙이고 모서리를 롤러로 누릅니다.

16 크리싱 라인을 따라 그리프로 구멍을 뚫습니다. ✏️ 단차가 있는 부분은 그리프의 날이 포켓 끝나는 부분을 찢지 않도록 주의하여 뚫습니다.

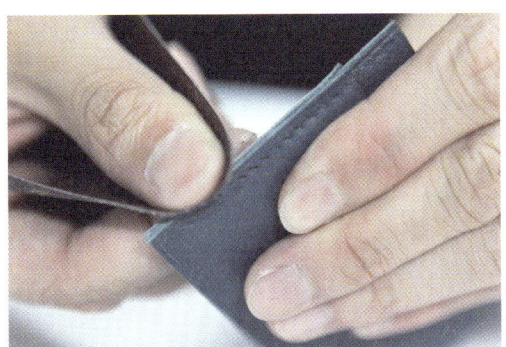

17 단면을 사포로 다듬습니다.

18 엣지코트를 바른 뒤, 밀납으로 마무리합니다.

19 새들스티치를 합니다. (P. 22~23 참조) 🖊 입구 부분과 단차가 있는 부분은 더블 스티치를 합니다.

20 바느질이 끝나면 실을 자릅니다.

21 송곳 끝에 본드를 바르고 실끝에 묻힙니다. 1~2분 정도 기다렸다가 본드가 약간 마르면 송곳을 이용하여 밀어 넣습니다.

finish

휴대폰 파우치

휴대폰을 넣을 수 있는 간단한 파우치를 가죽으로 만들어보세요.
부드러운 가죽이 휴대폰을 보호해 줍니다. 물론, 사용하지 않을 때도 멋스러워 보이지요.
쓸수록 더 멋스러워지는 휴대폰 파우치는 만들기도 쉽습니다.

how to

준비물	블랙 컬러 양가죽, 와인색 염소 스웨이드, 린넨사(린까블레 532 흰색)
재단하기	겉감 : 블랙 컬러 양가죽 98×146mm 2장(앞면 · 뒷면)
	안감 : 와인색 염소 스웨이드 98×146mm 2장(앞면 · 뒷면)
만드는 방법	① 도안보다 크게 준비한 겉감과 안감을 붙인 뒤에 재단합니다.
	② 크리징 라인을 긋고 그리프로 바늘구멍을 낸 후 옆면을 피할하고 입구부분의 단면을 마감합니다.
	③ 앞면과 뒷면 입구 부분을 각각 새들스티치합니다.
	④ 앞면과 뒷면을 붙이고 단면을 마감한 후에 새들스티치합니다.
	*부록에 있는 실물 크기의 본을 이용해 재단하세요.
소요시간	3시간
난이도	중

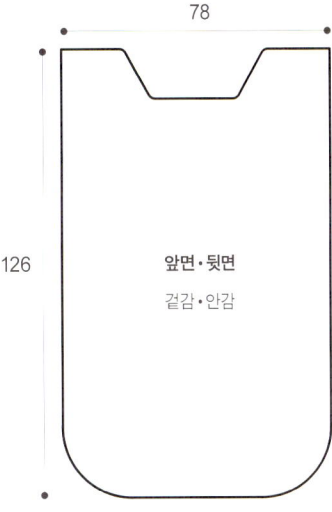

78

126

앞면 · 뒷면
겉감 · 안감

start

1 도안보다 크게 겉감과 안감을 2개씩 준비합니다.

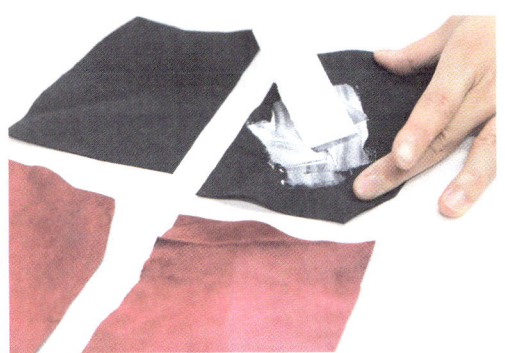

2 양면에 본드를 얇게 펴바릅니다.

3 주름이 생기지 않도록 겉감과 안감을 잘 붙여줍니다.

4 롤러를 이용하여 가죽을 고르게 누릅니다.

5 30분 정도 지나 본드가 마르면 도안을 붙입니다.

6 도안을 따라 재단합니다. (P. 19 참조)

7 단면의 거친 부분을 사포로 다듬습니다.

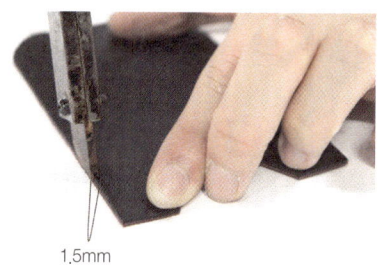

1.5mm

8 크리저로 1.5mm 안쪽에 크리징 라인을 긋습니다. (P. 18 참조) 🖊 크리저의 온도가 지나치게 높을 경우, 가죽이 탈 수 있으니 같은 가죽에 테스트를 해본 뒤 긋습니다.

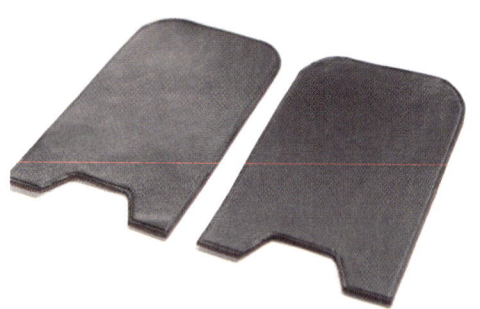

9 1~8번 과정을 반복해서 두 장을 준비합니다.

10 그리프를 이용해 크리징 라인을 따라 구멍을 뚫습니다. (P. 18 참조)

11 크리징 라인 안쪽으로 마스킹 테이프를 붙입니다.

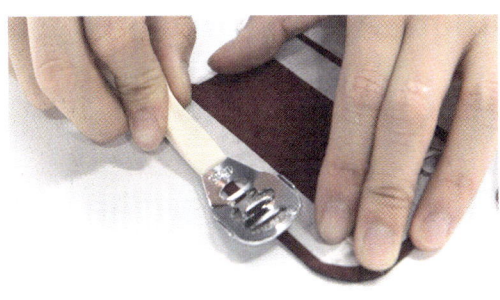

12 스키버로 마스킹 테이프 안쪽을 얇게 칩니다. 🖋스키버가 없을 경우 칼을 이용해 피합니다.

13 테두리만 얇게 피한 모습입니다.

14 입구 부분만 먼저 엣지코트를 발라주는데 한 번 바른 뒤 5분 정도 지나 완전히 마르면 같은 방법으로 2~3번 덧칠합니다. 🖋엣지코트는 얇게 펴바릅니다. 면봉, 이쑤시개, 붓, 전용도구 등 다양한 도구 중 편리한 도구를 선택하면 됩니다.

15 엣지코트가 완전히 마른 뒤 밀납을 녹여 바릅니다. (P. 19 참조) 🖋흐르거나 뭉칠 수 있으니 밀납은 적당량을 사용하세요. 밀납 마감은 접합면을 단단히 붙여주고, 방수 기능이 있으며 변색을 방지합니다.

16 앞면과 뒷면의 입구를 각각 바느질합니다. 새들스티치로 바느질하는데, 시작과 끝은 더블스티치합니다. (P. 22~23 참조)

17 남은 실을 짧게 자릅니다.

18 남은 실을 짧게 자른 후 송곳 끝에 본드를 바르고 실끝에 묻힙니다. 1~2분 정도 기다렸다가 본드가 약간 마르면 송곳을 이용하여 밀어 넣습니다.

19 나머지 한 장도 18번 과정까지 완료합니다.

20 잘라 놓은 테두리에 본드를 얇게 바릅니다.

21 마스킹 테이프를 떼어냅니다.

22 두 장을 잘 맞춰 붙입니다.

23 단면의 거친 부분은 사포를 이용해 다듬습니다.

24 엣지코트를 바릅니다. 5분 정도 지나 완전히 마르면 같은 방법으로 2~3번 덧칠합니다. 🖌 엣지코트는 얇게 펴바릅니다. 면봉, 이쑤시개, 붓, 전용도구 등 다양한 도구 중 편리한 도구를 선택하면 됩니다.

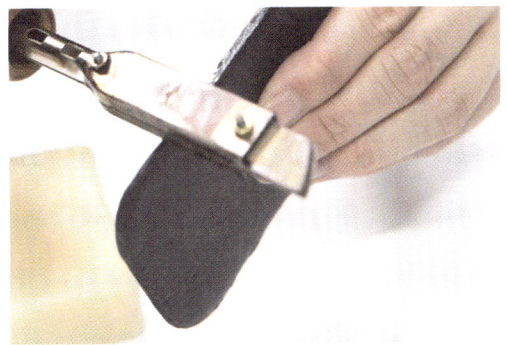

25 엣지코트가 완전히 마른 뒤 밀납을 녹여 바릅니다. (P. 19 참조) 🖌 흐르거나 뭉칠 수 있으니 밀납은 적당량을 사용하세요. 밀납 마감은 접합면을 단단히 붙여주고, 방수 기능이 있으며 변색을 방지합니다.

26 입구를 제외한 세 면을 새들스티치로 마무리합니다.

27 남은 실을 짧게 자른 후 송곳 끝에 본드를 바르고 실끝에 묻힙니다. 1~2분 정도 기다렸다가 본드가 약간 마르면 송곳을 이용하여 밀어 넣습니다.

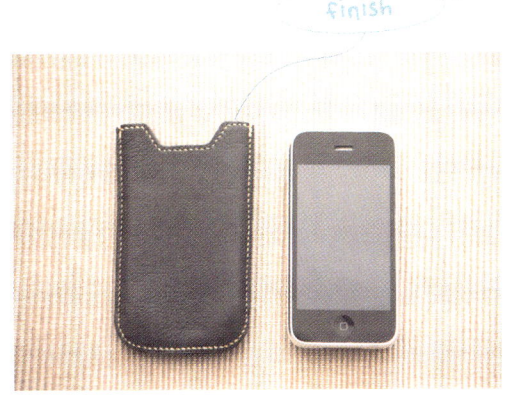

finish

안경 케이스

시력에 상관없이 중요한 패션 소품이 된 안경. 안경을 안전하게 보관할 수 있는
예쁜 안경 케이스를 만들어볼까요? 부드러운 스웨이드가 안경을 흠집 없이 안전하게 보호합니다.
간단한 소품을 넣어가지고 다닐 수 있는 파우치로도 활용할 수 있어요.

how to

준비물	검정색 양가죽, 청록색 염소 스웨이드,
	린넨사(린까블레 532 노란 겨자색),
	솔트레지 5mm
재단하기	겉감 : 검정색 양가죽 290×267mm
	안감 : 청록색 염소 스웨이드 290×267mm
만드는 방법	① 겉감과 안감을 붙여 재단합니다.
	② 크리징 라인을 긋고 그리프로 바늘구멍을 낸 후
	입구와 날개 부분을 새들스티치합니다.
	③ 솔트레지를 달고 나머지 부분을 새들스티치합니다.
	＊부록에 있는 실물 크기의 본을 이용해 재단하세요.
소요시간	5시간 **난이도** (중)

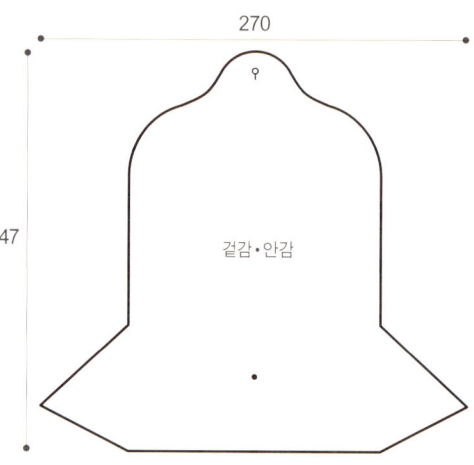

270

247

겉감 · 안감

start

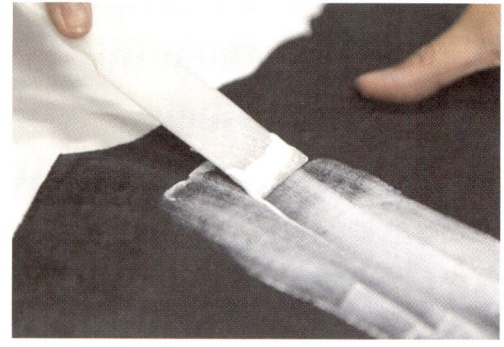

1 도안보다 크게 가죽을 준비하고 본드를 얇게 펴바릅니다.

2 겉감과 안감을 구김 없이 잘 붙여 주고, 롤러를 이용하여 가죽을 고르게 누릅니다.

3 30분 정도 본드가 마르기를 기다려 가죽면에 도안을 고정시키고 칼로 재단합니다. (P. 19 참조)

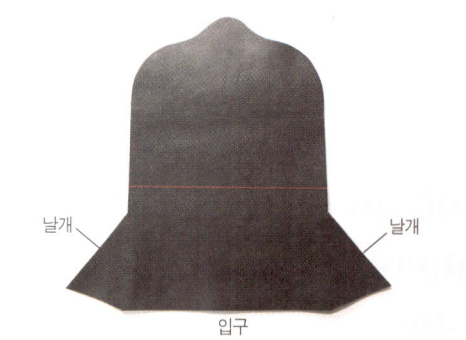

날개   날개

입구

4 재단을 마친 모습입니다. ✏ 편의상 좌우의 삼각형 부분을 '날개', 사진상 가장 밑부분을 '입구' 라 하겠습니다.

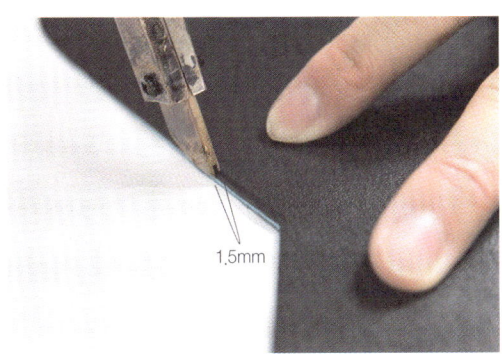

5 크리저로 1.5mm 안쪽에 크리징 라인을 긋습니다. (P. 18 참조) 🖌️크리저의 온도가 지나치게 높을 경우, 가죽이 탈 수 있으니 같은 가죽에 테스트를 해본 뒤 긋습니다.

6 그리프를 이용해 크리징 라인을 따라 구멍을 뚫습니다. (P. 18 참조)

7 날개 부분을 접고 그리프로 뚫습니다.

8 고무 망치로 쳐서 접힌 부분을 한번 더 눌러줍니다.

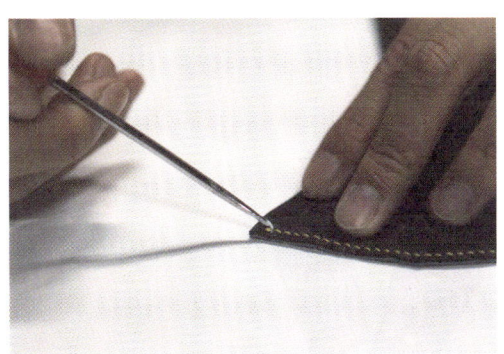

9 안경집의 입구 부분만 먼저 새들스티치합니다. (P. 22~23 참조)

10 바느질이 끝나면 실을 자르고, 송곳 끝에 본드를 바르고 실끝에 묻힙니다. 1~2분 정도 기다렸다가 본드가 약간 마르면 송곳을 이용하여 밀어 넣습니다.

11 날개 부분을 새들스티치합니다. 🖊 시작과 끝부분은 더블스티치합니다.

12 입구와 날개 부분의 바느질이 끝난 상태입니다.

13 송곳 끝에 본드를 바르고 실끝에 묻힙니다. 1~2분 정도 기다렸다가 본드가 약간 마르면 송곳을 이용하여 밀어 넣습니다.

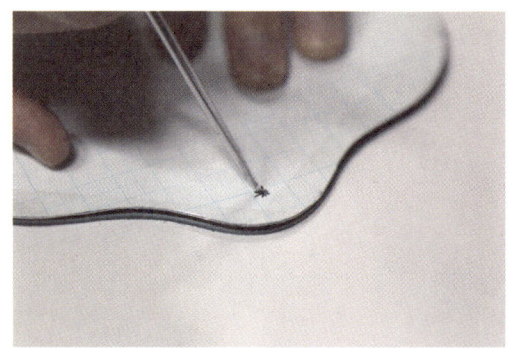

14 뚜껑 부분에 도안을 겹쳐 놓고, 잠금장치를 달 위치를 송곳으로 표시합니다.

15 4mm 날펀치를 이용하여 구멍을 뚫습니다.

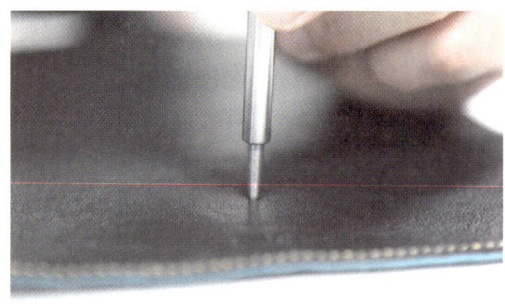

16 마찬가지 방법으로 송곳을 이용하여 안경집 몸판에도 잠금장치 부분을 표시합니다.

17 2mm 원형 펀치를 이용하여 구멍을 뚫은 뒤, 솔트레지를 달아줍니다.

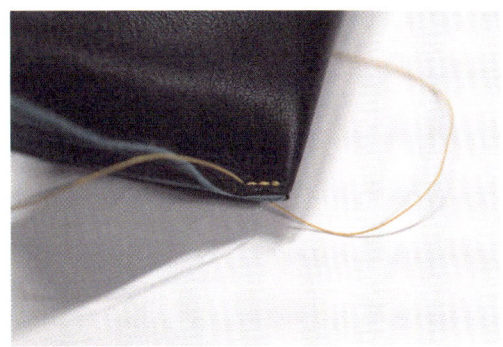

18 나머지 부분을 새들스티치합니다. 안경집을 접고, 접힌 부분부터 바느질을 합니다.

19 시작 부분과 두 장이 겹치는 부분은 더블스티치합니다.

20 바느질이 끝나면 실 끝을 자른다음 송곳 끝에 본드를 바르고 실끝에 묻힙니다. 1~2분 정도 기다렸다가 본드가 약간 마르면 송곳을 이용하여 밀어 넣습니다.

finish

북 커버

책을 그냥 가지고 다니기보다 북 커버에 넣어보면 어떨까요?
슈렁큰 소가죽으로 만든 북 커버는 부드러운 촉감을 느낄 수 있어
한결 편안한 마음으로 독서를 할 수 있습니다.

how to

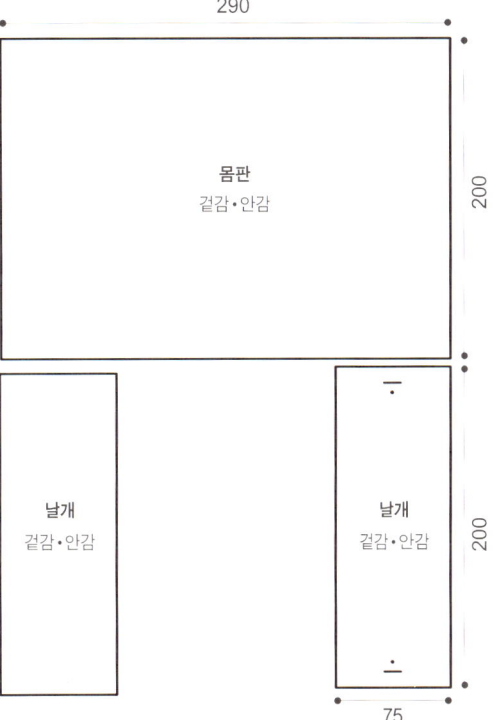

준비물	브라운 컬러 슈렁큰 소가죽, 레드 와인색 염소 스웨이드, 린넨사(린까블레 332 흰색), 고무밴드(폭 6mm), 리벳(지름 5mm, 길이 7mm)

재단하기	몸판 겉감 : 브라운 컬러 슈렁큰 소가죽 310×220mm
	      안감 : 레드 와인색 염소 스웨이드 310×220mm
	날개 겉감 : 브라운 컬러 슈렁큰 소가죽 95×220mm 2장
	      안감 : 레드 와인색 염소 스웨이드 95×220mm 2장

만드는 방법	① 겉감과 안감을 붙여 재단합니다. ② 크리징 라인을 긋고 그리프로 바늘구멍을 낸 후 피할합니다. ③ 고무밴드를 부착하고 날개와 몸판을 붙입니다. ④ 새들스티치와 러닝스티치를 합니다. ＊부록에 있는 실물 크기의 본을 이용해 재단하세요.
소요시간	5시간
난이도	중

몸판
겉감·안감

290

200

날개
겉감·안감

날개
겉감·안감

200

75

start

1 도안보다 크게 겉감과 안감을 준비합니다.

2 겉감과 안감에 본드를 얇게 펴바릅니다.

3 겉감과 안감을 주름이 생기지 않도록 잘 붙여줍니다.

4 도안을 붙이고 재단합니다. (P. 19 참조)

5 롤러를 이용하여 가죽을 고르게 누릅니다.

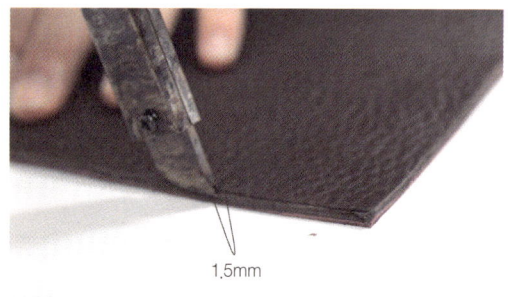

1.5mm

6 크리저로 1.5mm 안쪽에 크리징 라인을 긋습니다. (P. 18 참조) 크리저의 온도가 지나치게 높을 경우, 가죽이 탈 수 있으니 같은 가죽에 테스트를 해본 뒤 긋습니다.

7 그리프를 이용해 라인을 따라 구멍을 뚫습니다. (P. 18 참조)

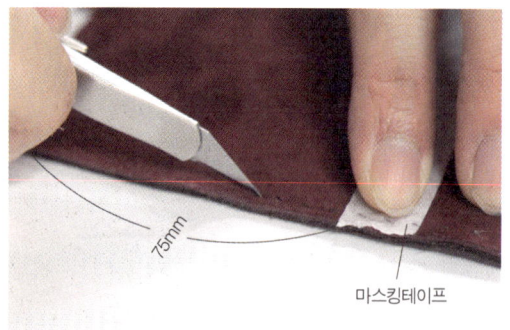

75mm

마스킹테이프

8 양끝에서부터 날개가 달릴 위치인 75mm를 측정해 마스킹테이프를 붙여 표시해 두고 그리프 라인 바깥을 피합니다. 칼로 내피만 살짝 잘라줍니다.

9 칼집을 낸 부분을 뜯어 냅니다.

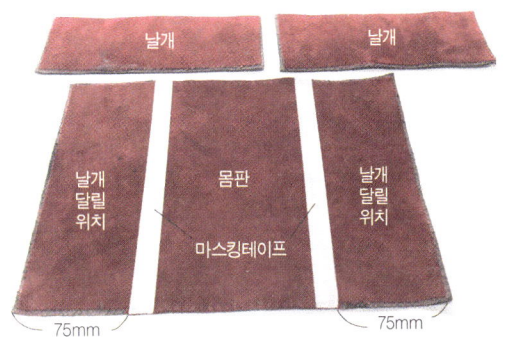

10 위와 같이 몸판과 날개 2장을 준비합니다.

11 북커버 날개 한 쪽에 도안을 대고 칼집을 내고 고무밴드를 끼웁니다.

12 밴드 밑쪽으로 펀치를 사용해 리벳을 넣을 구멍을 뚫습니다.

13 사진과 같이 밴드와 함께 리벳을 붙입니다.

14 리벳이 잘 고정된 모습입니다.

15 남은 밴드를 짧게 자릅니다.

16 테두리를 따라 그리프 라인 안쪽으로 마스킹 테이프를 붙입니다.

17 본드를 얇게 펴바릅니다.

18 본드가 굳기 전에 테이프를 바로 뗍니다.

19 모서리를 잘 맞춰 북커버 날개부분을 붙입니다.

20 접합면의 거친 부분을 사포로 다듬습니다.

21 엣지코트를 2~3회 얇게 바르고 밀납으로 단면을 마감합니다. (P. 19 참조)

22 북커버의 테두리를 따라 새들스티치를 합니다. (P. 22~23 참조)

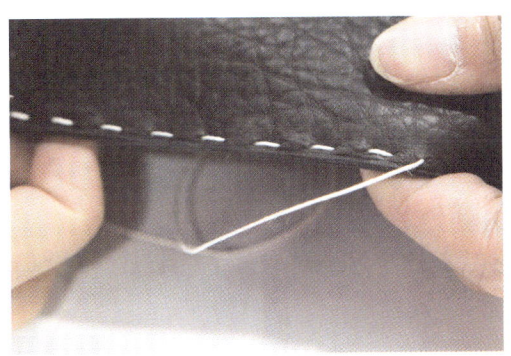

23 테두리를 제외한 날개부분의 입구는 러닝스티치를 합니다. (P. 20 참조)

24 두 접합부위가 만나는 곳은 더블스티치를 합니다.

28 남은 실을 자르고 송곳 끝에 본드를 바르고 실끝에 묻힙니다. 1~2분 정도 기다렸다가 본드가 약간 마르면 송곳을 이용하여 밀어 넣습니다.

finish

밴드가 붙어 있어 책의 펼침면을 고정시키거나 북마크 역할도 할 수 있어요.

chapter 3

꼭 한번 만들어 보고 싶은 가죽 공예

이제 간단한 가죽 소품 만들기에 자신이 생겼을 거예요.
그동안 익힌 실력을 바탕으로 좀 더 복잡한 작품을 만들어볼까요?
클러치백, 쇼퍼백, 쿠션 커버······. 꼭 한번 만들어 보고 싶었던 작품에 도전해보세요.

다용도 수납 바구니

화사한 아이보리 컬러와 산뜻한 옐로 컬러로 이루어진 다용도 수납 바구니를 만들어 볼까요?
꽤 큰 사이즈로 여러 가지 물건을 정리할 수 있습니다. 또 양 옆에 가죽 끈이 달려있어서 더 실용적이지요.
러닝스티치를 한 작품이라 하루면 충분히 만들 수 있어요.

how to

준비물	아이보리 컬러 소가죽, 옐로 컬러 소가죽, 보강재, 초사(6합 아이보리 컬러), 가죽줄(지름 5mm)
재단하기	겉감 : 아이보리 컬러 소가죽 720×670mm
	안감 : 옐로 컬러 소가죽 720×670mm
	보강재 : 보강용 가죽 280×230mm
만드는 방법	① 겉감과 안감 사이에 보강재를 붙인 후에 재단합니다.
	② 손잡이 달 구멍을 뚫은 후에 크리징 라인을 긋고 그리프로 바늘구멍을 내어 러닝스티치합니다.
	③ 가죽 손잡이를 달아줍니다.
	＊부록에 있는 실물 크기의 본을 이용해 재단하세요.
소요시간	4시간
난이도	상

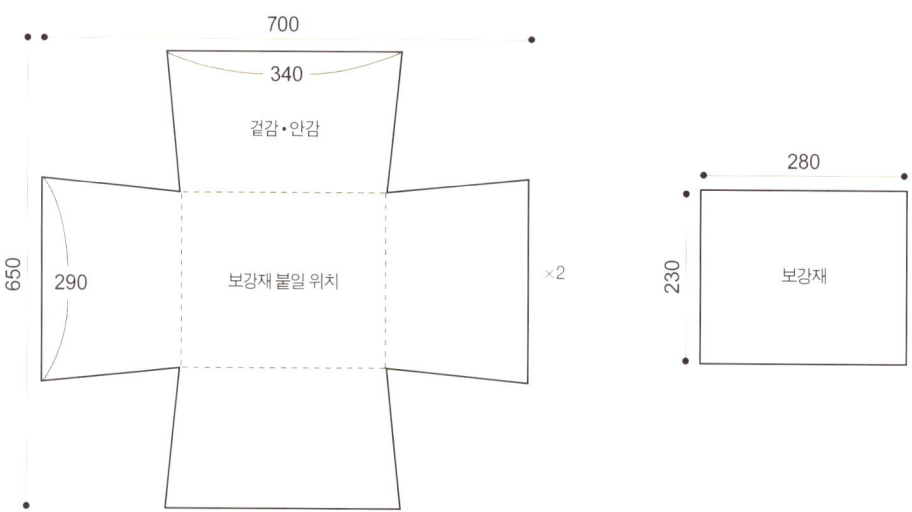

start

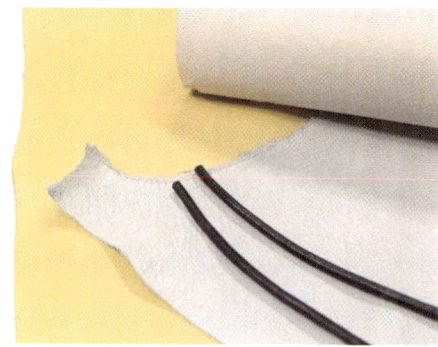

1 겉감과 안감, 보강재, 가죽줄을 준비합니다.

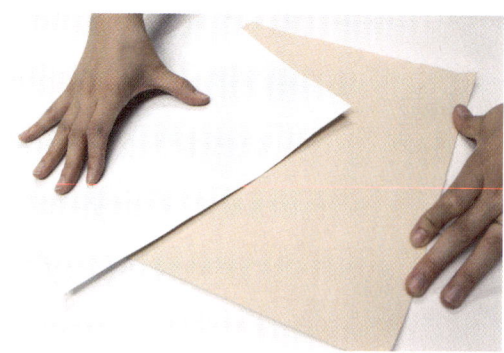

2 보강재와 보강재 도안을 준비합니다.

3 도안을 보강재에 붙이고 재단합니다.

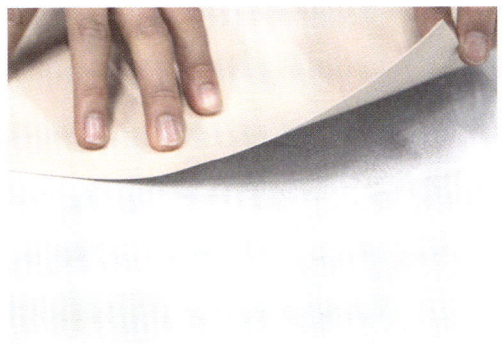

4 안감 중앙 바닥이 될 위치에 보강재를 붙입니다.

5 안감과 겉감에 본드를 얇게 펴바릅니다.

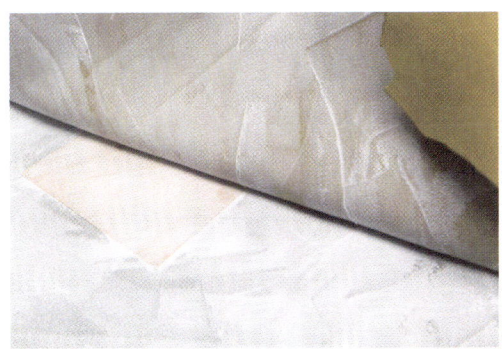

6 안감과 겉감을 붙입니다.

7 가죽을 롤러로 눌러 고르게 붙여줍니다.

8 보강재의 위치에 맞춰 도안을 붙입니다.

9 재단합니다. (P. 19 참조)

10 도안을 대고 손잡이 붙일 구멍을 뚫습니다.

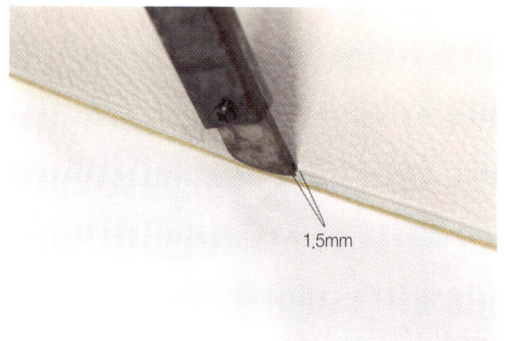

1.5mm

11 크리저로 1.5mm 안쪽에 크리징 라인을 긋습니다. (P. 18 참조) ✐ 크리저의 온도가 지나치게 높을 경우, 가죽이 탈 수 있으니 같은 가죽에 테스트를 해본 뒤 긋습니다.

12 그리프로 구멍을 뚫습니다. (P. 18 참조)

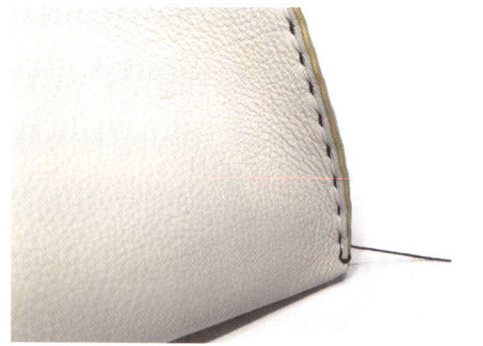

13 네 모서리를 러닝스티치합니다. (P. 20 참조) ✐ 처음과 끝은 두번 감아 잡아 줍니다.

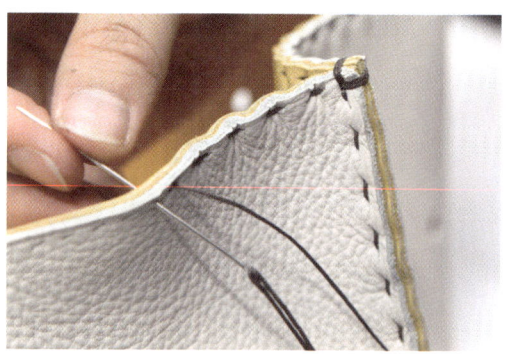

14 입구를 러닝스티치합니다. ✐ 모서리는 두번 감아 줍니다.

11

15 실을 짧게 잘라 정리합니다.

16 송곳 끝에 본드를 바르고 실끝에 묻힙니다. 1~2분 정도 기다렸다가 본드가 약간 마르면 송곳을 이용하여 밀어 넣습니다.

17 가죽줄을 구멍에 넣습니다.

18 가죽줄의 끝을 묶어 줍니다.

19 손으로 바구니 바닥의 모서리를 눌러 형태를 잡아줍니다.

finish

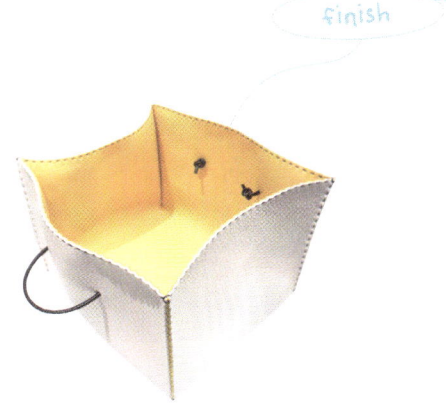

쿠션 커버

단조로운 거실 아이템들을 계절마다 바꾸고 싶은 마음은 굴뚝같지만
가죽으로 된 아이템들을 매번 구입하기엔 경제적 부담이 만만치 않습니다. 거실 소파에 놓을 쿠션 커버를 직접 만들어 보면 어떨까요?
부드러운 감촉의 염소 스웨이드가 멋진 인테리어 소품이 됩니다.

how to

준비물	레드와인색 염소 스웨이드, 청록색 염소 스웨이드, 쿠션솜 40×40cm, YKK 지퍼 3호 검정색 40cm, 슬라이더, 스타퍼, 회색 초사(4합)
재단하기	몸판A : 레드와인색 염소 스웨이드 390×400mm 몸판B : 청록색 염소 스웨이드 390×400mm
만드는 방법	① 몸판A와 몸판B를 도안에 맞게 재단합니다. ② b와 d에 지퍼를 달기 전에 끝부분을 마감해줍니다. ③ 지퍼를 준비합니다. ④ a와 c에 지퍼를 달아줍니다. ⑤ b와 d를 크로스스티치합니다. ⑥ e와 f를 헤밍스티치합니다.

*부록에 있는 실물 크기의 본을 이용해 재단하세요.
*본문의 7번부터 30번까지는 지퍼를 준비하는 과정입니다. 완성된 지퍼를 준비했다면 이 과정을 생략하세요.

소요시간	5시간
난이도	상

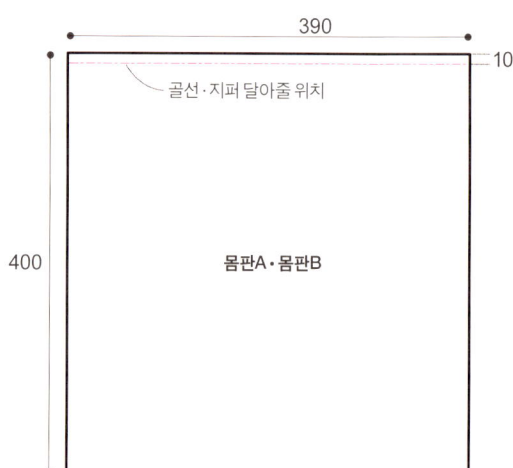

start

1 가죽, 지퍼, 슬라이더, 스타퍼와 도안을 준비합니다.

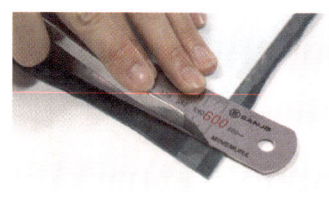

2 도안을 가죽에 고정시킨 다음 재단합니다. (P. 19 참조)

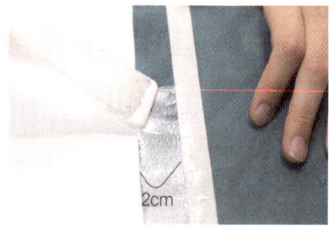

3 지퍼가 달리게 될 곳에 마스킹 테이프를 2cm 안쪽에 붙인 뒤 본드를 바릅니다.

4 마스킹 테이프를 떼냅니다.

5 1cm 너비로 접어 붙입니다.

6 본드가 마른 뒤 지퍼를 달게 될 면에 그리프를 칩니다. (몸판A의 지퍼 달리는 곳에도 3~6번 과정을 반복하세요.)

7 지퍼 끝을 라이터로 깔끔하게 정리합니다.

8 지퍼의 양 끝 이빨을 펜치를 이용하여 빼냅니다.

9 지퍼 이빨을 빼낸 모습입니다.

10 9번처럼 5~6회 정도 반복합니다.

11 지퍼 이빨을 모두 뺀 모습입니다

12 슬라이더를 끼우기 전, 지퍼 이빨의 방향을 확인합니다. 사진과 같은 방향으로 슬라이더를 넣어야 부드럽게 작동합니다.

13 슬라이더를 지퍼 이빨에 맞춰 넣습니다.

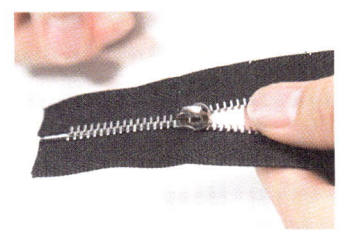

14 지퍼를 닫는 모습입니다.

15 지퍼가 닫히는 쪽에 끼울 스타퍼 모습입니다.

16 스타퍼를 지퍼의 끝에 맞춰 넣습니다.

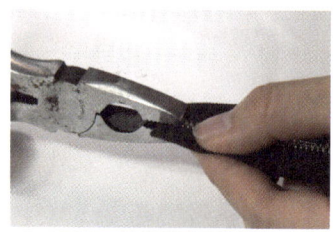

17 스타퍼가 움직이지 않도록 펜치로 눌러 살짝 고정합니다.

18 쇠 받침대를 아래에 두고 지퍼를 반대쪽으로 돌린 뒤 스타퍼가 단단히 고정되도록 쇠망치로 두들겨 줍니다.

19 지퍼가 열리는 쪽의 스타퍼를 펜치로 집습니다.

20 지퍼를 거의 끝까지 닫은 뒤 지퍼 이빨의 위치를 확인합니다. 이빨이 많은 쪽엔 스타퍼를 바짝 붙이고, 반대쪽엔 이빨 하나 만큼의 공백을 둡니다.

21 스타퍼를 펜치로 고정합니다.

22 반대편의 스타퍼 또한 펜치로 살짝 고정합니다.

23 살짝 고정된 스타퍼를 쇠망치로 두들겨 단단히 고정합니다.

24 스타퍼를 양쪽 모두 고정한 모습입니다.

25 라이터로 마감했던 지퍼 끝을 쪽가위를 이용해 깔끔하게 다듬습니다.

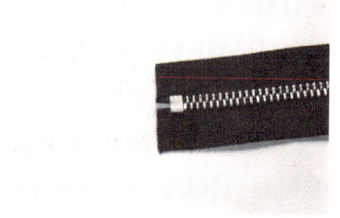

26 깔끔하게 정리된 지퍼 끝의 모습입니다.

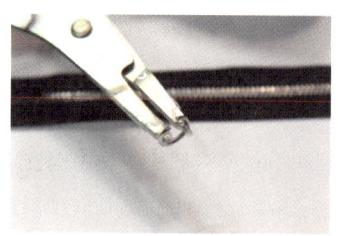

27 슬라이더에 끼울 O링을 벌립니다.

28 슬라이더에 끼운 O링에 열쇠장식을
끼웁니다.

29 벌린 O링을 다시 펜치를 이용하여
닫습니다.

30 지퍼가 완성된 모습입니다.

31 준비해 둔 가죽에 지퍼를 러닝스티
치 합니다. (P. 20 참조)

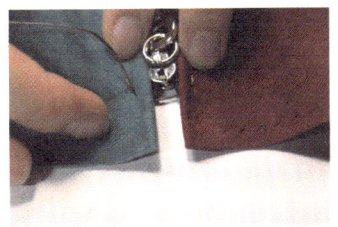

32 지퍼의 양 끝쪽 가죽이 벌어지지 않
도록 단단히 조여 바느질합니다.

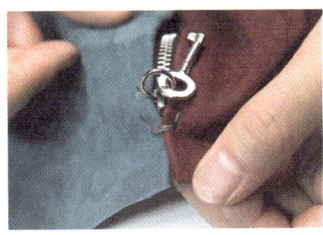

33 양쪽 끝 가죽을 단단히 조여 바느질
한 모습입니다.

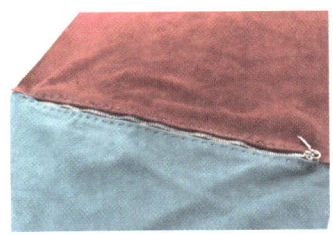

34 지퍼를 단 모습입니다.

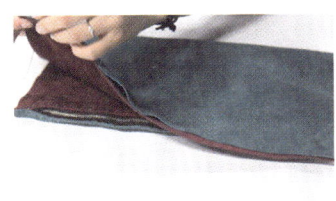

35 사진과 같이 양 끝단을 포갭니다.

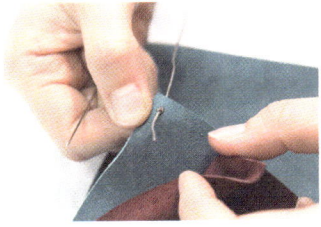

36 초사의 끝을 한 번 감아준 뒤 바느질
을 시작합니다.

37 크로스스티치합니다. (P. 20~21 참조)

38 지퍼 옆쪽도 크로스스티치합니다.

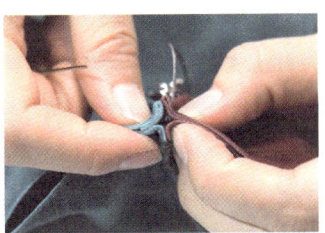

39 방금 전 크로스스티치를 했던 면과
포개어 단면을 맞춥니다.

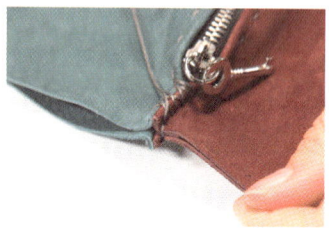

40 십자(+)를 잘 맞춰 헤밍스티치합니다. (P. 21 참조)

41 양쪽 옆 라인을 모두 헤밍스티치합니다. 🖊 지금까지 배운 바느질을 응용해서, 본인의 취향에 맞는 바느질을 선택해 작업합니다.

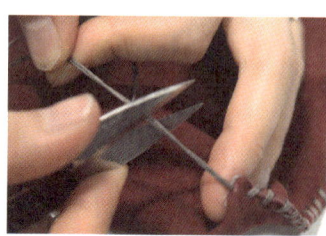

42 바느질이 끝나면 실에 여유를 두고 쪽가위로 자릅니다.

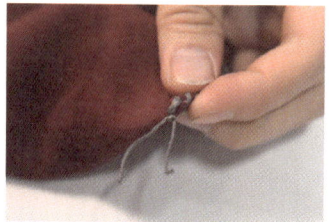

43 실끝을 매듭지어 묶습니다.

44 묶은 매듭을 1~2mm 정도 남기고 자릅니다.

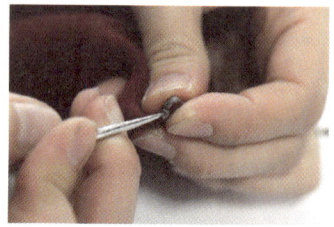

45 본드와 송곳을 이용해 매듭 부분을 안쪽으로 밀어 넣습니다.

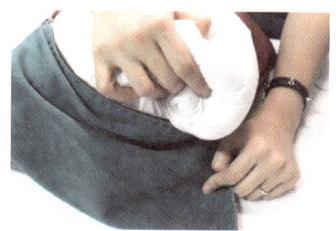

46 완성된 쿠션커버의 지퍼를 열고 쿠션 솜을 넣습니다.

finish

타블렛 커버

나만의 타블렛 커버를 만들어 보는 건 어떨까요?

송아지 가죽과 고급 샤무드의 조화가 잘 어우러진 고급스러운 느낌의 아이템입니다. 큼지막한 D링은 손잡이용으로도 손색이 없지요.

조금 까다로운 과정이지만 오래도록 쓸 수 있는 아이템이니 꼭 도전해보세요.

how to

준비물	블루 컬러 송아지가죽, 브라운 컬러 샤무드, D링 25mm, 솔트레지 6mm, 린넨사(린까블레 532 흰색)
재단하기	뒷면　겉감 : 블루 컬러 송아지가죽 145×215mm
	안감 : 브라운 컬러 샤무드 145×215mm
	커버　겉감 : 블루 컬러 송아지가죽 160×215mm
	안감 : 브라운 컬러 샤무드 160×215mm
	앞면　겉감 : 블루 컬러 송아지가죽 158×246mm
	안감 : 브라운 컬러 샤무드 158×246mm
	옆면　겉감 : 블루 컬러 송아지가죽 40×175mm
	안감 : 브라운 컬러 샤무드 40×175mm

만드는 방법

① 도안보다 크게 겉감과 안감을 준비해 뒷면, 커버, 앞면, 옆면 각각의 겉감과 안감을 붙여서 재단한다.

② 크리징 라인을 긋고 마감한 후 그리프로 바늘구멍을 냅니다.

③ 펀칭하여 솔트레지를 달아줍니다.

④ 뒷면과 앞면을 새들스티치로 바느질합니다.

⑤ 뒷면과 앞면을 새들스티치로 바느질해주며 중간에 D링도 달아줍니다.

⑥ 옆면과 커버를 새들스티치로 연결합니다.

⑦ 파라플루이로 모양을 잡습니다.

＊부록에 있는 실물 크기의 본을 이용해 재단하세요.

소요시간　6시간

난이도　　상

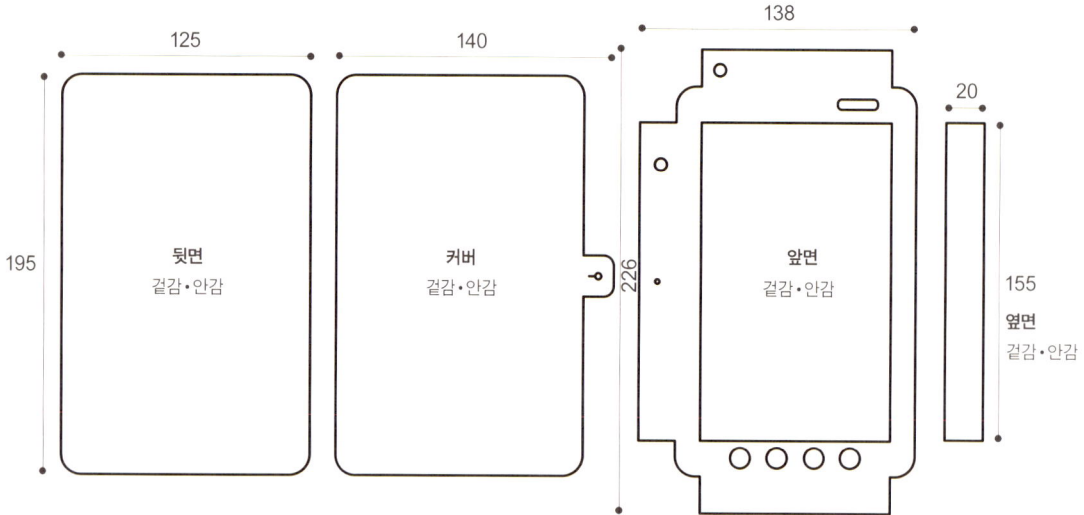

start

1 도안보다 크게 겉감과 안감을 잘라 준비합니다.

2 겉감과 안감에 본드를 바른 뒤 잘 붙여줍니다.

3 본드가 완전히 마른 뒤 도안을 고정시키고 재단합니다.

4 재단 후 곡선면은 사포로 부드럽게 다듬습니다.

5 재단한 가죽의 바깥면을 따라 크리징 라인을 그립니다. 🖊 크리저의 온도가 지나치게 높을 경우, 가죽이 탈 수 있으니 여분의 같은 가죽에 테스트를 해본 뒤 긋습니다.

6 엣지코트를 단면에 바릅니다. 🖊 샤무드는 열에 약하므로 밀납과정을 거치지 않습니다.

7 크리징 라인을 따라 그리프를 칩니다. (P. 18 참조)

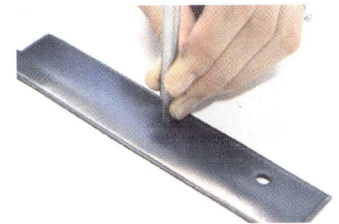

8 솔트레지를 달아줄 구멍을 2mm 펀치를 이용해 뚫어준 뒤 6mm 솔트레지를 장착합니다.

9 지금까지 완성된 각 부분입니다.

10 앞면의 접히는 부분을 망치를 이용해 형태를 잡습니다.

11 D링을 연결시킬 가죽의 끝부분은 잘 접힐 수 있도록 칼로 얇게 가죽의 두께를 벗겨내는데 이를 피할이라고 합니다.

12 옆라인은 스키버를 이용하여 깔끔하게 정리합니다.

13 피할을 마친 가죽을 D링에 끼우고 면봉으로 본드를 발라 붙입니다.

14 D링의 바깥쪽으로 그리프를 칩니다.

15 뒷면과 앞면을 새들스티치로 붙입니다. (P. 22~23 참조) 각각의 연결 부분은 더블스티치로 세 땀 이상 바느질해서 단단하게 고정합니다.

16 뒷면과 옆면을 바느질하면서 그 사이에 D링을 바느질하여 고정시킵니다.

17 옆면과 뒷면을 연결한 다음 커버를 새들스티치로 연결합니다.

18 남은 실은 짧게 자르고, 송곳 끝에 본드를 바르고 실끝에 묻힙니다. 1~2분 정도 기다렸다가 본드가 약간 마르면 송곳을 이용하여 밀어 넣습니다.

19 솔트레지가 들어갈 부분을 4mm 날 펀치로 뚫습니다.

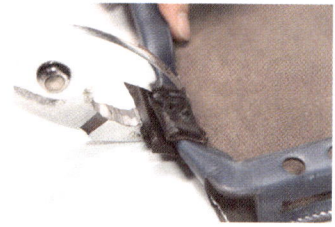

20 마지막으로 파라플루이로 모양을 잡아줍니다.

finish

클러치 백

지갑도 들어가지 않는 손바닥만한 클러치가 아닌 수납공간이 넉넉한 클러치백.
화장품과 지갑 등 많은 아이템은 물론 뒤쪽에 주머니를 달아 간단한 교통카드 또는 휴대폰을 수납하기에 좋아요.
또 자석 잠금 방식으로 여닫을 때 매우 편리한 실용적인 아이템입니다.

how to

준비물	검정색 슈렁큰 소가죽, 검정색 엠씨 소가죽, 보강재, 각종 금속장식, 린넨사(린까블레 532 검정색)
재단하기	뒷면　겉감 : 검정색 슈렁큰 소가죽 350×355mm

재단하기

뒷면　겉감 : 검정색 슈렁큰 소가죽 350×355mm
　　　안감 : 검정색 슈렁큰 소가죽 350×355mm
　　　보강재 : 보강용 가죽 350×355mm

앞면　겉감 : 검정색 슈렁큰 소가죽 350×210mm
　　　안감 : 검정색 슈렁큰 소가죽 350×210mm

백포켓　겉감 : 검정색 슈렁큰 소가죽 170×120mm
　　　　안감 : 검정색 슈렁큰 소가죽 170×120mm

테슬장식　검정색 엠씨 소가죽 50×80mm

만드는 방법

① 백 포켓 겉감과 안감을 붙여 재단합니다.
　크리징 라인을 긋고 단면을 마감한 후
　그리프로 바늘구멍을 내고 피할합니다.
② 뒷면 겉감에 백 포켓과 금속 장식을
　달아줍니다. 겉감에 보강가죽을 붙여 재단합니다.
③ 뒷면 안감에 자석 똑딱이를 달고
　뒷면 겉감과 안감을 붙여 안감도 재단합니다.
④ 앞면 겉감에 자석 똑딱이를 달고
　앞면 겉감과 안감을 붙여 재단합니다.
⑤ 뒷면과 앞면에 각각 크리징 라인을 긋고
　그리프로 바늘구멍을 뚫은 후
　새들스티치로 연결하고 단면을 마감한 후
　테슬 장식을 달아줍니다.
＊부록에 있는 실물 크기의 본을 이용해 재단하세요.
＊겉감과 안감의 구분은 없습니다.

소요시간　10시간

난이도　 상

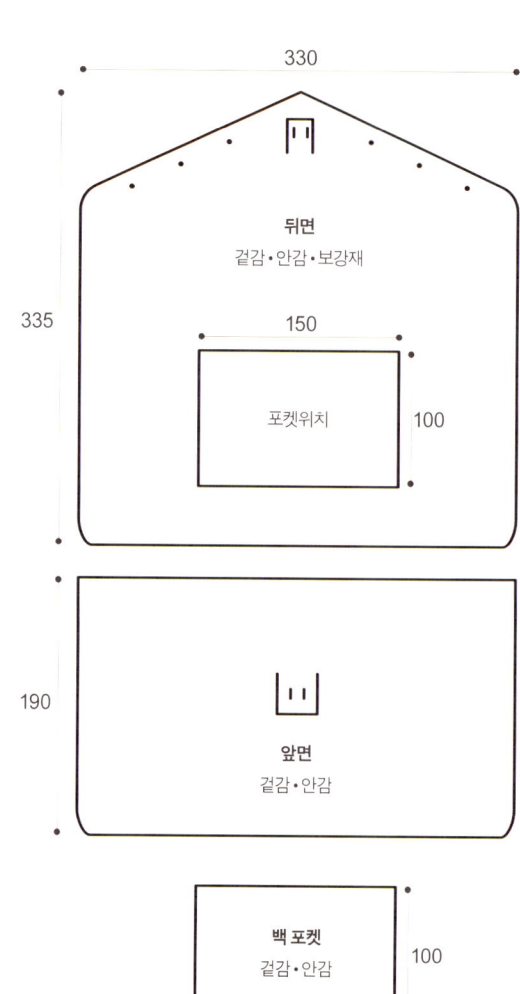

330

335

뒤면
겉감·안감·보강재

150

포켓위치

100

190

앞면
겉감·안감

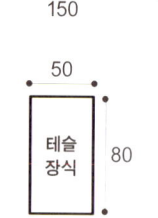

백 포켓
겉감·안감

100

150

50

테슬
장식

80

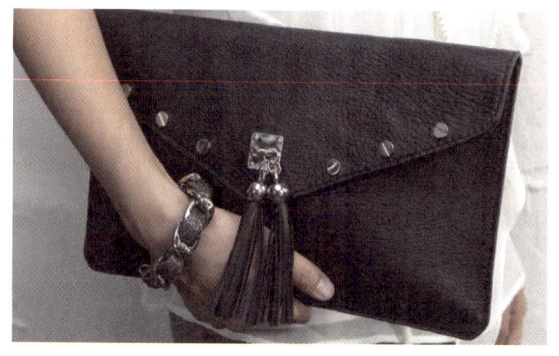

start

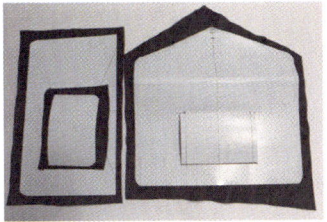

1 도안보다 크게 겉감과 안감 그리고 보강재를 준비합니다.

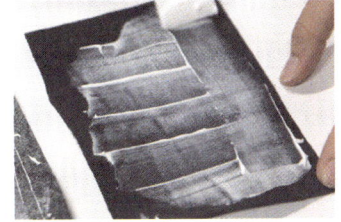

2 먼저 백 포켓용 겉감과 안감에 본드를 바릅니다.

3 본드를 발라준 겉감과 안감을 붙인 뒤 롤러로 누릅니다.

4 백 포켓 도안을 부착한 뒤 자릅니다.

5 백 포켓에 크리징 라인을 긋습니다.

6 엣지코트를 바른 뒤 5분 정도 지나 완전히 마르면 같은 방법으로 2~3번 덧칠합니다.

7 크리징 라인을 따라 그리프를 칩니다. (P. 18 참조)

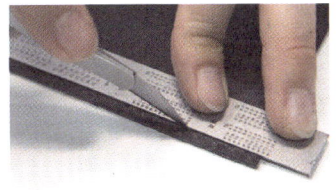

8 그리프 라인 안쪽을 따라 칼로 피할합니다.

9 펜치를 이용해 사진과 같이 피할한 부분을 떼냅니다.

10 클러치 뒷면 겉감 위에 도안과 백포켓을 고정시킨 뒤, 7번의 그리프 라인대로 그리프를 다시 칩니다.

11 포켓의 끝에 더블스티치를 할 구멍을 송곳으로 뚫습니다.

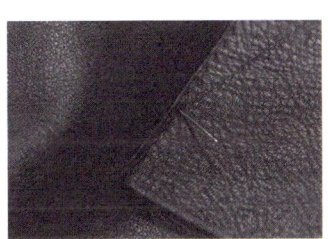

12 클러치 뒷면 겉감에 백스티치를 해서 백 포켓을 달아줍니다. (P. 22 참조)

13 겉감에 백 포켓을 부착한 모습입니다.

14 다시 도안을 뒷면 겉감 위에 고정시킵니다.

15 도안에 표시된 부분을 칼로 7~8mm 정도를 표시해 둡니다.

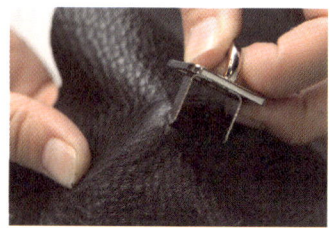

16 칼로 표시한 부분에 맞춰 금속장식을 끼웁니다.

17 장식발에 고정대를 끼웁니다.

18 장식발을 펜치를 이용하여 꺾어준 뒤 망치로 쳐서 단단히 고정시킵니다.

19 뒷면 겉감과 보강재를 본드로 붙입니다.

20 본드가 완전히 마른 뒤 도안에 맞춰 재단합니다.

21 뒷면 안감 위에 도안을 고정시킨 뒤, 사진과 같이 칼로 7~8mm 정도 표시해 둡니다.

22 표시해 둔 자석똑딱이를 끼웁니다.

23 자석똑딱이의 발을 펜치를 이용하여 꺾어준 뒤 망치로 가볍게 쳐서 고정시킵니다.

24 클러치 백의 뒷면 안감 가죽은 가장자리를 돌아가며 본드칠합니다.

25 준비해 둔 클러치 백의 뒷면 겉감을 3cm 정도로 가장자리를 돌아가며 본드칠 한 뒤, 겉감과 안감의 가죽을 잘 맞춰 붙입니다.

26 뒷면 겉감을 따라 안감을 재단합니다. ✏ 도안 없이 재단하므로 겉감도 함께 잘려나가지 않도록 주의합니다.

27 겉감 위에 도안을 올려두고 펀치를 뚫을 곳을 표시합니다.

28 표시해둔 부분을 펀치로 뚫습니다.

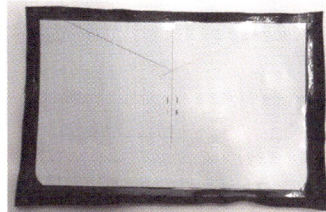

29 앞면 겉감에 도안을 고정시킵니다.

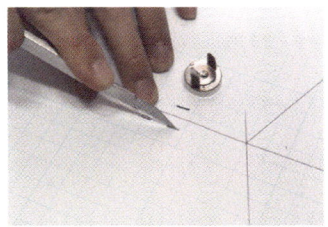

30 도안에 표시해 놓은 자석부착 위치를 칼로 표시합니다.

31 칼로 표시한 부분에 자석 똑딱이를 끼워 넣습니다.

32 가죽 뒷면에 자석 똑딱이 발을 고정대에 끼운 뒤 펜치로 꺾어주고 망치로 납작하게 쳐서 단단히 고정합니다.

33 앞면 겉감에 본드를 칠합니다.

34 앞면 안감에도 본드를 칠한 다음 겉감과 안감을 잘 붙입니다.

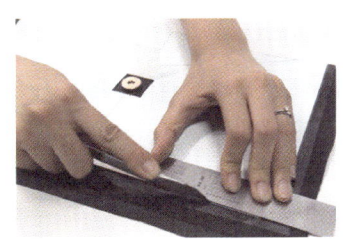

35 본드가 완전히 마른 뒤 도안을 고정시키고 재단합니다.

36 뒷면과 앞면 각각 도안대로 재단한 모습입니다.

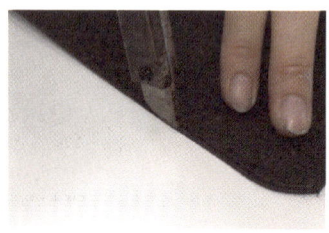

37 뒷면과 앞면에 크리징 라인을 각각 긋습니다.

38 크리징 라인을 따라 그리프를 칩니다.

39 클러치 백 앞면과 뒷면을 새들스티치로 바느질합니다. (P. 22~23 참조)

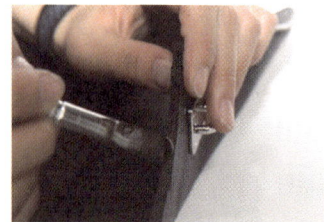

40 엣지코트를 바릅니다.

41 28번에 뚫어 놓았던 펀치 구멍에 금속장식을 끼워 넣습니다.

42 쇠판을 아래에 두고 돔리벳 세터를 고정한 뒤 망치로 칩니다. 나머지도 같은 방법으로 고정합니다. (P. 25 참조)

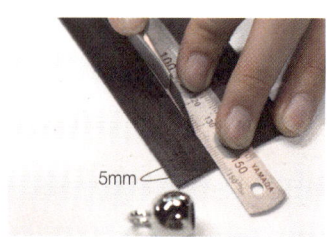

43 테슬 장식을 만들기 위해 가로 50mm 세로 80mm 정도의 엠씨가죽을 위에서 5mm 정도를 남기고 세로로 길게 자릅니다.

44 자른 가죽을 동그랗게 말아 줍니다.

45 동그랗게 말아준 가죽에 테슬금속장식을 끼운 다음 나사로 조입니다.

45-1

46 완성된 두 개의 테슬 장식입니다.

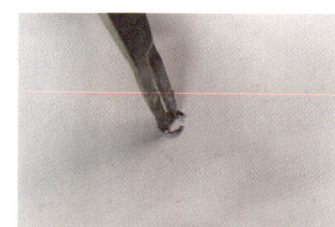

47 O링을 벌립니다.

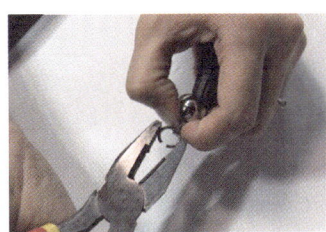

48 2개의 테슬 장식에 각각 오링을 하나씩 따로 달아 줍니다.

48-1

49 두개의 오링을 또 다른 오링을 이용하여 테슬 장식을 고리장식과 하나가 되도록 연결합니다.

finish

쇼퍼 백

가벼운 외출에 부담없이 들 수 있는 쇼퍼 백. 각종 물건을 넣기 편리하고,
내부에는 작은 주머니도 하나 있어 실용적입니다. 튼튼한 통가죽으로 손잡이와 바닥을 덧대 오래 사용할 수 있지요.
쓸수록 더 멋스러워지는 나만의 쇼퍼 백을 만들어 보세요.

how to

준비물 진녹색 물소가죽, 브라운 컬러 통가죽, 노랑색 소가죽, 검은색 소가죽,
양면 리벳(헤드 10mm) 8세트, 양면 리벳(헤드 12mm) 6세트,
린넨사(린까블레 332 노랑색)

재단하기 앞면   겉감 : 진녹색 물소가죽 300×400mm
　　　　　　안감 : 노랑색 소가죽 300×400mm
　　　　뒷면   겉감 : 진녹색 물소가죽 300×400mm
　　　　　　안감 : 노랑색 소가죽 300×400mm
　　　　옆면   겉감 : 진녹색 물소가죽 100×1038mm
　　　　　　안감 : 노랑색 소가죽 100×1038mm
　　　　밑판   브라운 컬러 통가죽 280×290mm
　　　　포켓   겉감 : 노랑색 소가죽 140×160mm
　　　　　　안감 : 검정색 소가죽 140×160mm
　　　　손잡이 : 브라운 컬러 통가죽 16×510mm 2장
　　　　손잡이 마감용 : 브라운 컬러 통가죽 20×40mm 4장

만드는 방법 ① 포켓 겉감과 안감을 붙여 재단합니다.
　　　　피할한 후 크리징 라인을 긋고 단면을 마감합니다.
　　　　그리프로 바늘구멍을 낸 후 입구만
　　　　새들스티치한 후 뒷면 안감에 포켓을 달아줍니다.
　　② 앞면, 뒷면, 옆면의 겉감과 안감을 각각 붙이고
　　　　재단합니다. 크리징 라인을 긋고 그리프로
　　　　바늘구멍을 내고 단면을 마감합니다.
　　③ 앞면, 뒷면, 옆면 각각의 입구 부분만 먼저
　　　　새들스티치해주고 앞면과 옆면, 옆면과 뒷면,
　　　　뒷면과 옆면, 옆면과 앞면을 새들스티치로
　　　　연결합니다.
　　④ 손잡이와 밑판을 재단하여 앞면과 뒷면에
　　　　부착합니다.
　　*부록에 있는 실물 크기의 본을 이용해 재단하세요.

소요시간 9〜10시간
난이도 (상)

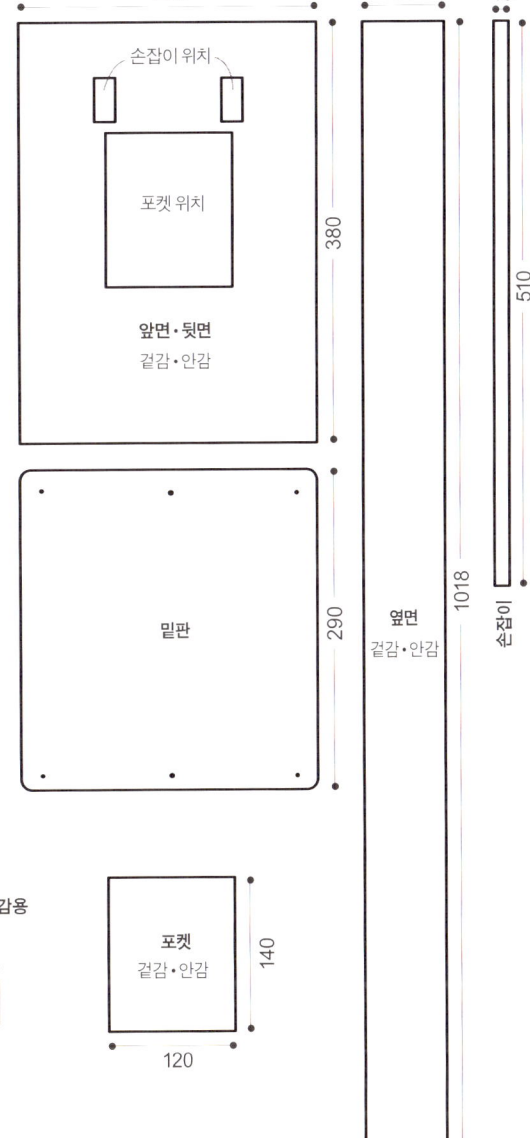

280 ／ 80 ／ 16

손잡이 위치

포켓 위치

앞면 · 뒷면
겉감 · 안감

380

옆면
겉감 · 안감

510

손잡이

1018

밑판

290

손잡이 마감용

20
40

포켓
겉감 · 안감

140
120

start

1 도안에 따라 필요한 가방 손잡이와 밑판 가죽을 준비합니다.

2 앞면과 뒷면, 옆면, 포켓의 겉감과 안감을 준비합니다.

3 양면 리벳을 준비합니다.

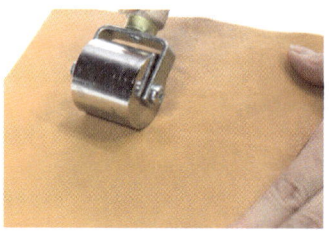

4 가방 안의 포켓으로 사용할 가죽에 본드를 고르게 바릅니다.

5 겉감과 안감 두 장을 서로 잘 붙입니다.

6 롤러로 가죽을 눌러줍니다.

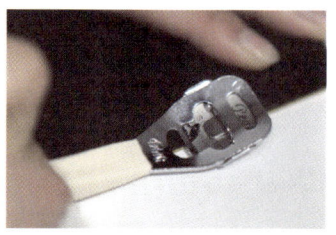

7 도안을 고정시킨 다음 재단합니다.

8 재단한 모습입니다.

9 포켓의 뒷면의 입구를 제외하고 가장자리를 얇게 벗겨내며 피할합니다.

10 피할된 모습입니다.

11 테두리를 따라 크리저로 그리프 라인을 표시합니다.

12 엣지코트를 바른 뒤 5분 정도 지나 완전히 마르면 같은 방법으로 2~3번 덧칠합니다.

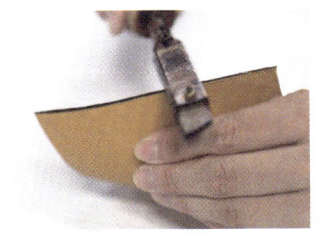

13 밀납으로 마감합니다. 🖊 밀납을 너무 많이 녹이면 가죽에 흐르거나 뭉칠 수 있으니 적당량을 사용하는 것이 중요합니다.

14 장식선을 따라 포켓 입구에 그리프로 구멍을 뚫습니다.

15 입구 부분만 먼저 새들스티치를 합니다. (P. 22~23 참조)

16 도안에 주머니를 붙일 부분을 오려내고 안감에 고정시킵니다.

17 포켓의 피할한 부분에 본드를 바르고 안감에 붙입니다.

18 그리프를 이용해서 포켓과 안감에 동시에 구멍을 뚫습니다.

19 포켓의 입구 위쪽으로 송곳을 이용하여 구멍을 뚫습니다.

20 포켓과 안감을 바느질합니다. 🖊 입구 부분은 더블스티치합니다.

21 나머지 부분은 박음질합니다.

22 안감에 포켓을 붙인 모습입니다.

23 안감과 겉감을 붙일 때 포켓 부분에는 본드를 바르지 않습니다.

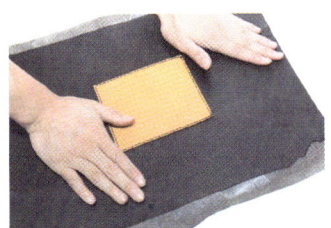

24 안감과 겉감을 붙입니다.

25 앞면과 옆면의 겉감과 안감도 본드를 얇게 펴발라서 붙입니다.

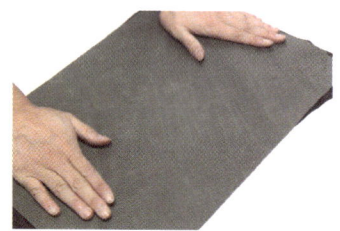

26 뜨는 곳 없이 잘 눌러 붙입니다.

27 본드가 마르면 다시 도안을 붙입니다.

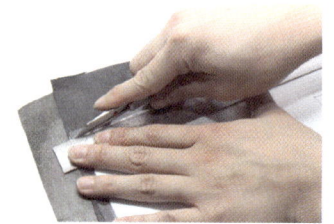

28 도안에 맞게 재단합니다.

29 가방의 앞면과 뒷면 옆면을 재단한 모습입니다.

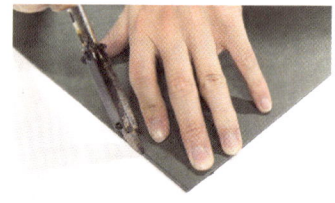

30 테두리에 크리저로 라인을 긋습니다.

31 장식선을 따라 맨 윗부분을 먼저 구멍을 뚫습니다.

32 엣지코트를 바릅니다.

33 밀납을 바릅니다.

34 각각의 가죽 맨 윗부분에 먼저 스티치를 넣습니다.

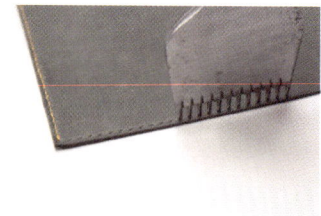

35 나머지 테두리에 구멍을 뚫습니다.

36 앞면과 옆면 뒷면을 차례대로 이어 붙입니다.

37 모서리가 시작하고 끝나는 부분은 더블 스티치를 합니다.

38 사포를 사용해 접합 부분의 거친면을 다듬습니다.

39 엣지코트를 바릅니다.

40 밀납으로 마감을 합니다.

41 가방의 앞단에 도안을 대고 손잡이가 붙을 부분에 표시를 합니다.

42 손잡이 도안을 대고 구멍을 뚫습니다.

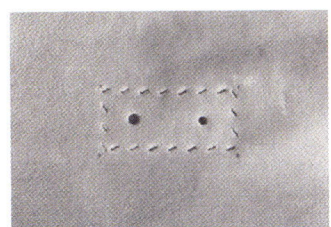

43 구멍을 뚫은 모습입니다.

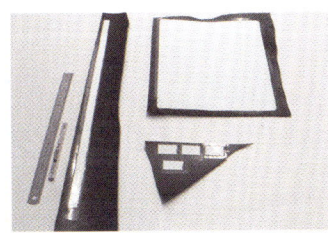

44 손잡이 부분과 밑판 가죽에 도안을 고정시킵니다.

45 정확하게 재단합니다.

46 재단된 모습입니다. 왼쪽 상단부터 시계방향으로 A,B,C

47 B의 끝부분은 얇게 피할합니다.

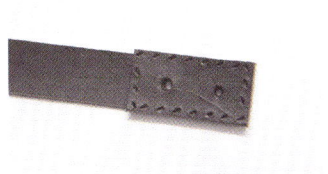

48 A와 B를 붙이고 43번과 같이 구멍을 뚫습니다.

49 몸판에 끈을 부착합니다.

50 가방의 밑판에 도안을 대고 리벳의 위치를 표시합니다.

51 몸판과 밑판을 리벳으로 부착합니다.

finish